Het Egyptische orakel

Het Egyptische orakel

Het oog van Horus

DAVID LAWSON

Dit boek is opgedragen aan twee bijzondere vriendinnen.
Voor Susan Mears, hartelijk dank dat je *Het Egyptische orakel* tot leven hebt gewekt en me in de gelegenheid stelde het te schrijven.
Ter nagedachtenis aan Francesca Montaldi: je liefde en inzicht leven voort in de harten van velen in wier leven jij aanwezig bent geweest.
Veel liefs, David

Oorspronkelijke titel: The Eye of Horus; An oracle of Ancient Egypt
gepubliceerd door Eddison-Sadd Editions Ltd., Londen

Copyright © 1996 David Lawson
Copyright © 1998 voor het Nederlandse taalgebied:
Uitgeverij De Kern, Baarn
Copyright illustraties © 1996 Aziz Khan
Vertaald door: Ans van der Graaff
Belettering doos: Teo van Gerwen Design
Zetwerk: Scriptura, Westbroek
Verspreiding voor België: Standaard Uitgeverij, Antwerpen

ISBN 90 325 0629 3
NUGI 626

Gedrukt in China door Leo Paper Products
Stenen en buidel vervaardigd door The Shanghai Connection

INHOUD

Introductie 6

DEEL 1

De beginselen 11

DEEL 2

De stenen 20

DEEL 3

Stenen leggen voor visie en creativiteit 122

Om verder te lezen 158
Over de auteur 159
Sleutel tot de stenen 160

INTRODUCTIE

Dank u wel dat u *Het Egyptische orakel* hebt gekozen. Ik vertrouw erop dat dit boek u jarenlang leiding, inspiratie en inzicht zal geven. Het oog van Horus, de valk-god die is afgebeeld op de doos, is een Oud-egyptisch symbool van bescherming, intuïtie, heling en persoonlijke visie. Voor de Egyptenaren hield het verband met het hemelse rijk en werd het gebruikt als een soort 'boos oog' om gevaar, ziekte en ongeluk af te wenden. Overal ter wereld bestaat 'het boze oog'.

Velen van ons worden gefascineerd door de cultuur, architectuur, mythen en legenden van de oude Egyptenaren. Zelfs degenen die nog nooit de moderne staat Egypte hebben bezocht om naast de piramides te staan of in een feloek de Nijl te bevaren, voelen een vreemde band met het legendarische verleden van dit land.

Misschien worden we aangetrokken door de magnifieke monumenten die de Egyptenaren ons hebben nagelaten, of zijn we nieuwsgierig naar de eerste beginselen van de beschaving waarover we in oude hiërogliefen kunnen lezen. De verrichtingen van de Egyptenaren geven blijk van een buitengewone groei van het bewustzijn van de mens en wellicht kan die periode uit de geschiedenis ons zelfs aanwijzingen geven met betrekking tot het ruimere proces van de menselijke evolutie. Veel mensen geloven dat ze er zelf bij zijn geweest, dat ze niet één, maar al vele vroegere levens hebben doorgemaakt in hun reïncarnatiecyclus. Anderen menen dat ze met de oude Egyptenaren verbonden zijn via een collectief geheugen waaruit wij allemaal kunnen putten. Wat de waarheid ook mag zijn, de symboliek, de overtuigingen en de cultuur van deze fascinerende mensen kunnen ons veel leren over onszelf en het leven dat we vandaag de dag leiden.

De erfenis van de Egyptenaren

Misschien hebben de begrafenisgebruiken van de oude Egyptenaren ons nog wel het meeste van de informatie verschaft die we over hun wereld hebben. Hun fascinatie met het leven na de dood heeft ons schatten, artefacten en gedetailleerde gegevens over hun leven, legenden en geloof opgeleverd. Afbeeldingen en hiërogliefen op de wanden van graftombes en tempels vertellen ons over hun ingewikkelde rituelen, hun veroveringen, hun politieke en religieuze veranderingen. Wat we van hen weten, is gebaseerd op de levens en aspiraties van de leden van het koninklijk huis en hun edele helpers. Over het leven van de gewone mensen weten we veel minder, omdat hun huizen en graven niet bestand waren tegen de tand des tijds. We weten echter heel veel over hun goden, godinnen en spirituele praktijken die een integraal onderdeel vormden van het collectieve geloofssysteem van deze eerste grote natie.

De goden en godinnen van de Egyptenaren

De goden en godinnen van de oude Egyptenaren vertegenwoordigen zowel hun menselijke als hun spirituele zorgen. Ze geven inzicht in de geest van de Egyptenaren, hun hoop en angsten, hun geloof in de grotere orde van het universum en hun regering. Zoals alle mensen werden de Egyptenaren gefascineerd door hun oorsprong en hadden ze behoefte de wereld om hen heen te verklaren. Sommige goden zijn centrale figuren in scheppingsmythen en vertonen gelijkenissen met de universele god van het joods-christelijke geloof, wiens oorsprong geografisch dicht bij het oude Egypte lag. Andere waren goden van de natuur, wat duidt op de behoefte een verklaring te vinden voor de aarde, de lucht, de zon en de vele andere mysterieuze krachten van het heelal. De goden en godinnen van de Egyptenaren weerspiegelden de ontwikkeling van hun beschaving en de formalisering van hun regering; ze werden geassocieerd met de thema's soevereiniteit, bestuur en architectuur.

Sommige theorieën over de oorsprong van de Egyptenaren en hun goden veronderstellen dat de goden feitelijk wezens uit een hoogontwikkelde beschaving waren die voorafging aan de beschaafde wereld zoals wij die nu kennen. Deze hoogontwikkelde mensen zouden het zaad van de beschaving hebben gezaaid in de oude wereld, met name in het Midden-Oosten, Noord-Afrika en Midden-Amerika. Het bestaan van dergelijke volken zou zeker de raadselachtige technologieën verklaren die bij de bouw van de piramides zijn gebruikt. Volgens sommige bronnen zijn die superwezens voortgekomen uit een hoogontwikkelde cultuur die zou hebben bestaan voordat grote planetaire veranderingen het merendeel van de bevolking van de aarde uitroeien. Andere theoretici menen dat ze bezoekers uit een ander zonnestelsel waren die onze ontwikkeling hebben gestimuleerd alvorens verder te trekken naar andere werelden. Wat we ook geloven, de goden en godinnen van de Egyptenaren zijn krachtige menselijke en spirituele archetypen.

We hebben in de moderne wereld veel geraffineerdere structuren van beschaving en complexere technologieën ontwikkeld dan de Egyptenaren. We hebben ook wetenschappen ontwikkeld die veel kunnen verklaren over de wereld waarin we leven. Niettemin zijn veel van de vragen die de oude Egyptenaren intrigeerden nog altijd niet beantwoord. Wat is onze spirituele oorsprong? Wat is het doel van ons leven? Wat gebeurt er met ons als we sterven? De goden en godinnen van de Egyptenaren kunnen ons helpen in onszelf te kijken en de zin te zien van ons bestaan.

De cultuscentra

Voor het een grote natie vormde, was Egypte een verzameling zichzelf besturende regio's of provincies, elk met zijn eigen culten, spirituele praktijken en overtuigingen. Naarmate Egypte zich ontwikkelde, groeiden enkele cultuscentra in kracht en invloed en breidde de verering van regionale goden zich uit naar andere gebieden (*zie kaartje op blz. 8*). De sterkste culten hebben ons de meeste informatie verschaft over het Egyptische pantheon, samen met een aantal Griekse bronnen die vergelijkingen trokken tussen de Egyptische goden en hun eigen godheden. Het cultuscentrum van Helio-

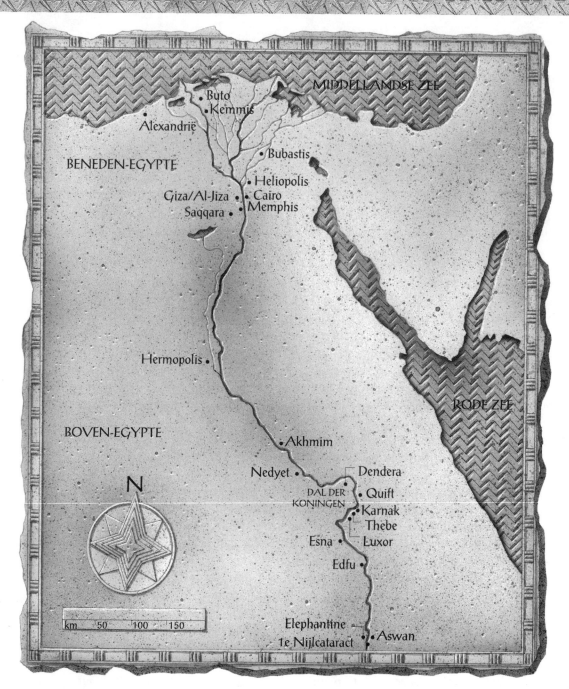

Boven- en Beneden-Egypte met belangrijke cultuscentra en plaatsen uit de tekst.

polis of Yunu had een machtige hiërarchie van goden die de scheppingsmythen, de wonderen van de natuur en de bestuurlijke zorgen omvatte. Andere belangrijke cultuscentra bevonden zich in Memphis, Hermopolis en Thebe, en het zijn vooral de mythen en legenden van die vier oude plaatsen die ons de achtergrondinformatie hebben verschaft voor de in dit boek beschreven stenen.

De verwantschap van de goden en godinnen

Veel van de Egyptische goden en godinnen zouden aan elkaar verwant zijn, soms zelfs met duidelijk nageslacht. Het in familiegroepen plaatsen van goden was een manier om hun positie en belangrijkheid te rationaliseren. Wanneer de populariteit van een regionale god uitgroeide tot nationale invloed, werd die vaak opgenomen in de familiegroep of hiërarchie van andere cultuscentra. In veel gebieden gaf men de voorkeur aan triades met een goddelijke patriarch, een goddelijke matriarch en een goddelijk kind. Andere centra hadden complexere godengroepen. De 'stambomen' aan ommezijde tonen enkele van de in dit boek genoemde goden en godinnen en hun heilige verwantschap.

De dynastieën van Egypte

De informatie over de goden en godinnen is niet alleen afgeleid van de met diverse plaatsen verbonden mythologische variaties, maar weerspiegelt ook chronologische variaties uit pakweg drieduizend jaar Egyptische geschiedenis. Hieronder vindt u een korte lijst om verwijzingen naar specifieke periodes in de juiste context te plaatsen. Hoewel dit de huidige mening over de chronologische volgorde weergeeft, bestaan er ook andere meningen en kan een en ander nog verschuiven na nieuwe vondsten.

PERIODE	DATA	DYNASTIE
Predynastiek	tot 3050 v.C.	—
Vroege dynastie	3050-2686 v.C.	Dynastieën I-II
Oude rijk	2686-2181 v.C.	Dynastieën III-VI
Eerste tussenperiode	2181-2040 v.C.	Dynastieën VII-XI
Middenrijk	2040-1782 v.C.	Dynastieën XI-XII
Tweede tussenperiode	1782-1570 v.C.	Dynastieën XIII-XVII
Nieuwe rijk	1570-1070 v.C.	Dynastieën XVIII-XX
Derde tussenperiode	1070-664 v.C.	Dynastieën XXI-XXV
Late periode	664-332 v.C.	Dynastieën XXVI-XXXI
Grieks-Romeinse periode	332 v.C.-395 n.C.	—

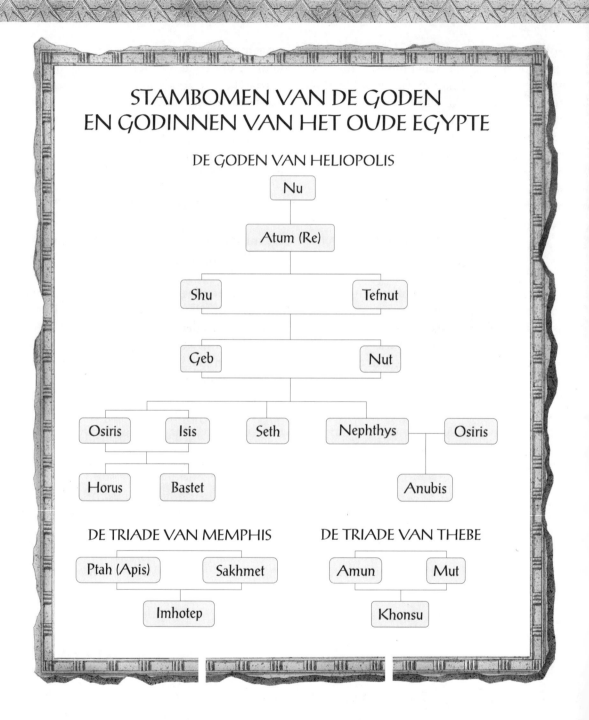

DEEL 1

DE BEGINSELEN

'Ik ben Horus die is voortgekomen uit het Oog van Horus, ik ben Wadjet die is voortgekomen uit Horus, ik ben Horus die is weggevlogen...'
HET OUDE EGYPTISCHE DODENBOEK

'Komt Horus over de wateren zijns vaders...'
HET EGYPTISCHE DODENBOEK

Wanneer we persoonlijk inzicht combineren met daden, gevoelens en ervaringen, scheppen we ruimte voor iets nieuws. Om uw unieke relatie met *Het Egyptische orakel of Het oog van Horus* goed te beginnen, helpt het om vriendschap te sluiten met elke steen afzonderlijk, zodat elk van de heilige archetypen de kans krijgt uw innerlijk te beroeren. Deel 1 vormt uw leidraad voor de tekst die daarna volgt. Het bevat instructies voor het afzonderlijke voorspellende gebruik van de stenen en achtergrondinformatie over de ideeën, meditaties en positieve gedachten die met de stenen verbonden zijn.

HET EGYPTISCHE ORAKEL GEBRUIKEN

Bij *Het Egyptische orakel* horen vijfentwintig stenen, bedoeld om te gebruiken als orakel voor persoonlijk inzicht, persoonlijke ontwikkeling, creativiteit en spirituele groei. Drieëntwintig van de stenen zijn verbonden met een god of godin van het Oudegyptische pantheon. Dit zijn krachtige menselijke en spirituele archetypen die ons veel kunnen leren over onze ware aard. Hun essentie is tijdloos en universeel. De volken van de Oudegyptische wereld beschikten misschien niet over onze moderne technologie, maar ontwikkelden wel een machtige en verfijnde beschaving en hadden dezelfde elementaire behoeften, angsten en zorgen als wij.

Deze godheden geven aan wat voor relatie de Egyptenaren met hun omgeving hadden. Ze onthullen menselijke angsten over het proces van leven en sterven, nieuwsgierigheid naar de herkomst van de mens en een voortdurende zorg om de vruchtbaarheid van het land, de oogst en het overleven. De Egyptenaren baden tot hun goden en godinnen om genezing, verlichting, succes en verlossing. Net als wij steunden ze op hun geloof om het leven betekenis te geven en om inzicht te krijgen in hun persoonlijke en collectieve reis door de tijd.

De laatste twee stenen zijn verbonden met de piramides en de sfinx: monumenten die door hun geheimzinnige imago ook nu nog een grote invloed op ons hebben. De hele set van vijfentwintig stenen zal u helpen inzicht te krijgen in uw persoonlijke reis, u een andere kijk bieden op de wereld om u heen en u een blik gunnen op uw innerlijke ontwikkeling.

Hoe dit boek te gebruiken

De goden, godinnen en symbolen die met de stenen verbonden zijn, worden in Deel 2 van dit boek uitgebreid beschreven.

Ik heb voor elke steen eerst wat beknopte informatie over de godheid of het symbool opgenomen. De naam en de vier sleutelwoorden daaronder zijn bedoeld om u de algemene betekenis van de steen te verduidelijken. Dat zal u helpen de globale richting van uw lezing te bepalen wanneer u met de stenen begint te experimenteren. De korte inleiding daarna biedt begrijpelijke informatie over de met de steen verbonden symboliek.

Daarna volgt gedetailleerdere informatie die u zal helpen de godheid of het symbool in de juiste context te plaatsen. Die bevat vaak ook gegevens over de oorsprong van de god, zijn of haar relatie tot andere godheden, mythen en legenden en andere relevante aspecten van de symboliek. Het is niet nodig deze informatie elke keer dat u de stenen gebruikt te lezen, maar het kan helpen er af en toe eens naar te kijken terwijl uw inzicht in het werken met deze archetypen zich verder verdiept.

Het gedeelte daarna geeft de voorspellende betekenis van de steen. Die is niet bedoeld als een definitieve interpretatie, maar veeleer als een essentieel uitgangspunt voor uw eigen intuïtieve interpretatie van de

DE BEGINSELEN

steen. Gebruik de tekst onder het kopje 'Rechtop' wanneer u een steen uit het zakje zo neerlegt dat het hiëroglifische symbool rechtop voor u ligt. De interpretatie onder het kopje 'Ondersteboven' gebruikt u wanneer de steen ondersteboven ligt. U kunt dat gemakkelijk controleren door het symbool te vergelijken met de afbeelding van de steen naast de desbetreffende tekst of achter in het boek (*zie blz. 160*). De betekenis van de stenen die ondersteboven liggen is niet negatief, maar meer gericht op het effect dat wij op anderen hebben, hun kijk op ons en onze huidige invloed op de wereld in zijn geheel.

Daarna wordt verder uitgeweid over de voorspellende betekenis van de steen. Het stukje 'Kenmerken' verbindt de oude archetypen met hedendaagse persoonlijkheidstypes. Dat kan verwijzen naar een persoon die een duidelijk effect heeft op uw leven in de periode dat u de stenen leest, of op uw eigen persoonlijkheid op dat moment. In dit gedeelte leg ik verband tussen de door de goden en godinnen vertegenwoordigde archetypen en de astrologische tekens van de westerse horoscoop. Het stukje over meditatie of visualisatie is bedoeld om de positieve kenmerken van de archetypen die in uzelf en in uw hele leven werkzaam zijn, te benadrukken en te versterken. Het laatste gedeelte bevat steeds zeven 'Positieve gedachten' voor regelmatig gebruik met de stenen.

De stenen leren gebruiken

Neem de stenen voordat u ermee gaat werken vaak in uw handen, zodat u gewend raakt aan hoe ze aanvoelen en eruitzien. Een goede manier daarvoor is ze in te smeren met een favoriete olie, zoals lavendel of rozemarijn, gemengd met bijvoorbeeld amandelolie. Wrijf wat van de olie in de stenen en wacht tot die goed is opgenomen.

Gebruik bij het lezen van de stenen de geschreven interpretaties als richtlijn, bouw uw eigen relatie daarmee op en ga af op uw intuïtie om er een diepere interpretatie aan toe te voegen. Uw lezingen zullen dan gaandeweg beter worden. Gebruik om te beginnen de stenen afzonderlijk en voor uzelf; zodra u er meer vertrouwen in krijgt, kunt u de combinaties in Deel 3 leggen.

Stop de stenen in het bijgeleverde zakje en schud ze door elkaar, zodat u niet weet waar elke steen zich in het zakje bevindt. Houd het zakje in uw hand of leg het voor u neer en gun uzelf een ogenblik de tijd om uw ogen te sluiten, diep in te ademen en in gedachten de stenen te vragen u verlichting en wijsheid te brengen. Misschien wilt u zich concentreren op een specifieke vraag die u hebt, of op een bepaald aspect van uw leven, zoals familierelaties, uw diepere gevoelens, uw gezondheid, uw carrière of uw spirituele ontwikkeling. Is dat het geval,

Rechtop

Ondersteboven

denk dan nu enkele seconden aan die vraag of dat onderwerp.

Neem wanneer u zover bent zonder te kijken een steen uit het zakje en leg hem voor u neer. Kijk achter in het boek (*zie blz. 160*) of u de steen rechtop of ondersteboven hebt neergelegd om te bepalen hoe u de steen moet lezen. Lees en gebruik de informatie die van toepassing is op uw vraag of het onderwerp dat u in gedachten hebt.

De stenen afzonderlijk gebruiken

De stenen afzonderlijk kunnen op veel manieren worden gebruikt: hierna volgen enkele suggesties.

Een steen voor de dag die voor u ligt
Neem ongezien een steen uit het zakje en lees, afhankelijk van hoe u hem hebt neergelegd, de tekst onder 'Rechtop' of 'Ondersteboven', voor inspiratie en advies voor de dag die voor u ligt. Misschien wilt u in de loop van de dag ook de tekst onder de kopjes 'Meditatie' of 'Positieve gedachten' gebruiken. Voor degenen die de dag regelmatig beginnen of afsluiten met meditatie is dit een prima manier om een toepasselijke reeks positieve gedachten of visuele beelden te kiezen.

Een steen voor de komende week of maand
Kies een steen en gebruik de teksten, afhankelijk van hoe u hem hebt neergelegd, op dezelfde manier als bij een steen voor een dag. Ook hier kunt u ervoor kiezen in de loop van de gekozen periode de geboden meditatie of positieve gedachten te gebruiken.

Een steen voor het jaar dat voor u ligt
Dit kunt u op elk moment van het jaar doen, maar de lezing is het krachtigst aan het begin van een nieuw jaar. Hierbij is het belangrijk dat u zowel de tekst bij 'Rechtop' als 'Ondersteboven' leest. Het zou ook goed zijn door het jaar heen van tijd tot tijd 'Meditatie' en 'Positieve gedachten' door te nemen. Het stukje onder 'Kenmerken' heeft betrekking op de meest overheersende karaktertrekken waarmee u dat jaar bij uzelf of anderen te maken zult krijgen. Misschien suggereert het zelfs dat u die aspecten van uw persoonlijkheid kunt benutten om u gedurende dat jaar te sterken in uw spirituele doel en om uw kans op slagen aanmerkelijk te vergroten.

Een steen voor een project of gebeurtenis
Een andere manier om de stenen afzonderlijk te gebruiken, is er een te pakken om u te leiden en te inspireren bij elk creatief project dat u aanpakt. Dat zal u duidelijkheid verschaffen over de unieke aard ervan en u in contact brengen met het onderliggende spirituele doel waaraan het project voor u en andere betrokkenen kan beantwoorden. Lees afhankelijk van hoe u de steen hebt neergelegd de tekst onder 'Rechtop' of 'Ondersteboven'. U kunt de stenen leggen voor een sollicitatiegesprek, nieuwe baan, cursus, promotiecampagne, literaire of artistieke onderneming, sportwedstrijd, zakentransactie of alles wat u toepasselijk vindt.

Een steen die een persoon vertegenwoordigt
U kunt een steen kiezen voor een persoon die u op het punt staat te ontmoeten. Iemand die u in uw sociale leven zult ont-

moeten of iemand met wie u bij een sollicitatiegesprek te maken krijgt. Lees voor meer helderheid en inzicht in relaties het gedeelte daarover in Deel 3 (*zie blz. 142-148*).

De kracht van positief denken benutten

Het gebruik van de techniek van positief denken voor welzijn en gezondheid is niet nieuw. Al eeuwen zijn mensen zich bewust van de kracht van woorden en positieve visuele beelden. Tegenwoordig voorzien succesvolle zelfhulpboeken in de groeiende behoefte van veel mensen om meer te weten te komen over de kracht van de geest en hun eigen innerlijke kracht. Met behulp van die technieken kunnen ze dan hun eigen helingsproces ter hand nemen.

Aanvullende therapieën passen naast fysieke helende vaardigheden en heling door middel van kruiden en auratherapie met succes wilskracht en verbeelding toe. Ook sommige disciplines van de reguliere geneeskunde beginnen de waarde in te zien van positief denken om het genezingsproces te versnellen en steeds meer bedrijven leren hun personeel zichzelf succesvol te denken.

Ik heb een reeks positieve gedachten voor u opgenomen in *Het Egyptische orakel*. Bij elke steen horen er zeven. Regelmatig toepassen daarvan kan een positieve verandering in uw geesteshouding teweegbrengen en mentale, emotionele en spirituele groei stimuleren. Het zijn verklaringen van een intentie tot genezing, die kunnen leiden tot een dieper inzicht in de eigenschappen of archetypen die u aan het onderzoeken bent.

Deze positieve gedachten zijn bondige, duidelijke, positieve stellingen of ideeën die u kunt gebruiken om uw geesteshouding te veranderen en om fysieke, emotionele of spirituele heling te ondersteunen. Het zijn simpelweg werktuigen waarmee we de geest kunnen trainen om positiever, constructiever en levensverlengend te denken. Onze gedachten, overtuigingen en instelling hebben direct effect op de wijze waarop we ons leven ervaren. Positieve, vreugdevolle gedachten zullen eerder tot positieve, vreugdevolle ervaringen leiden dan negatieve gedachten. Negatieve, beperkende of stug volgehouden overtuigingen kunnen een negatief effect hebben op onze emotionele toestand, op ons vermogen bevredigende relaties aan te gaan en zelfs op onze lichamelijke gezondheid.

Veel mensen kennen het concept van de zichzelf vervullende profetie en het idee dat onze gedachten van invloed zijn op onze ervaringen en gevoelens. Onze geest is sterk. Wat we denken, beïnvloedt de manier waarop we ons vandaag voelen en vormt de werkelijkheid van morgen. Als we geloven dat we gelukkig, gezond en succesvol kunnen zijn, zal dat ook eerder gebeuren.

Door regelmatig positief denken kunnen we de spirituele oefeningen, carrière, relaties, sportbeoefening, diëten en therapieën waarvoor we hebben gekozen, ondersteunen met licht en liefde. Een positieve denkwijze kan ons bovendien helpen de uitdagingen des levens aan te pakken en erbovenuit te stijgen, en het genoegen en plezier van de goede momenten te verlengen.

Positief denken is eenvoudig en effectief voor iedereen die bereid is erin te volharden en die openstaat voor nieuwe, optimistischere verwachtingen en denkpatronen.

Veel mensen denken het merendeel van de tijd positief, maar er kunnen ergens – diepgeworteld of onbewust – nog oude, beperkende of angstige gedachten zitten. Die zijn vaak, samen met een aantal positieve gedachten, heel jong aangeleerd. Vanaf onze eerste dag hebben de overtuigingen en stemmingen van onze ouders ons beeld van de wereld gekleurd. Toen we opgroeiden, werden we ook beïnvloed door de ideeën en het gedrag van familie, onderwijzers en andere kinderen. Ons ideeënpatroon is nog verder verruimd door onze godsdienst, onze omgeving en zelfs door radio en televisie.

De positieve gedachten in dit boek kunnen oude, aangeleerde en niet langer nuttige denkpatronen vervangen. Door positief te denken kunnen we onze behoeften en verlangens ondersteunen en daarmee onze werkelijkheid veranderen.

De positieve gedachten toepassen

Het Egyptische orakel bevat veel positieve gedachten die speciaal zijn afgestemd op het gebruik met de stenen. Ze zijn bedoeld om de specifieke kenmerken en energieën van de archetypen te versterken en in evenwicht te brengen; om kanalen voor positief denken te openen die kunnen bijdragen aan gezondheid, succes, emotionele expressie en spirituele groei.

Er zijn veel manieren om positieve gedachten te gebruiken; hierna volgen enkele richtlijnen en suggesties.

Positieve gedachten kunnen worden opgeschreven, getypt, geroepen, gezongen, gescandeerd, voor de spiegel uitgesproken of telkens weer in gedachten herhaald. Veel mensen hebben er baat bij hun huis te vullen met positieve gedachten, door ze op te schrijven of in felle kleuren te schilderen en op de badkamerspiegel, de koelkast of de deuren te plakken. Wees creatief en zoek naar de manier die voor u het beste werkt.

Positieve gedachten werken fantastisch in combinatie met meditatie of lichaamsoefeningen. Kies een of twee gedachten die gemakkelijk te onthouden zijn en herhaal ze in stilte op het ritme van uw ademhaling of een bekende oefening; zo kunt u ze tot een tweede natuur maken. U kunt de gedachten zelfs herhalen tijdens het lopen, en daarbij de maat van uw passen aanhouden.

U kunt de positieve gedachten ook gemakkelijk opnemen, zodat u ze bijvoorbeeld kunt beluisteren terwijl u mediteert, een bad neemt, in huis rondscharrelt of naar uw werk reist. U zou een goede vriend of familielid kunnen vragen de reeks positieve gedachten van uw keuze in te spreken op een cassetterecorder. Vraag die persoon zo nu en dan uw naam te noemen, opdat het een heel persoonlijke opname wordt. Nog beter is een opname waarop u zelf de positieve gedachten uitspreekt. Bijvoorbeeld: '*Ik, David, ben heel enthousiast over mijn ideeën*', of '*Suzan, je bent altijd gemotiveerd en geïnspireerd*'. U kunt ook een reeks bandjes opnemen die u telkens weer kunt gebruiken.

Hoewel het heerlijk is elke dag of om de paar dagen wat tijd vrij te maken om u op uw positieve gedachten te concentreren, hoeft u dat niet te beschouwen als nog een taak die in uw drukke schema moet worden ingepast. De beste manier om ze te gebruiken, is ze tot een integraal deel van uw leven te maken. U kunt ze toepassen op weg naar en van uw werk, tijdens huishoudelijke karweitjes of tijdens uw ochtendritueel. Het beste tijdstip voor positieve gedachten is misschien wel die paar minuten voordat u 's avonds in slaap valt en de eerste paar minuten van de ochtend, wanneer u nog wakker ligt te worden. Op die momenten is uw geest heel ontvankelijk en kunt u uw nachtrust en uw stemming voor de komende dag beïnvloeden. Na een poosje wordt u misschien wel wakker terwijl de positieve gedachten zich al helder en duidelijk herhalen in uw hoofd om u te verwelkomen in de nieuwe dag.

Soms kunt u het beste de gedachten gebruiken die lijnrecht ingaan tegen uw opvattingen in die periode of sterk afwijken van de werkelijkheid op dat moment. Zo kan het vreemd lijken om wanneer u ziek bent te zeggen: *'Ik ben altijd volkomen gezond.'* Toch is dat dan waarschijnlijk een van de meest geschikte positieve gedachten. U moet natuurlijk wel erkennen wat er met uw lichaam gebeurt en keuzes maken over de juiste behandeling; maar terwijl u dat doet, kan de gedachte dat u gezond bent het genezingsproces stimuleren en de door u gekozen behandelwijze ondersteunen.

Hoe meer u positieve gedachten toepast, hoe meer ze voor u kunnen doen. Soms is het goed enkele positieve gedachten in uw hoofd te houden die altijd van pas komen en tegelijk uw geest open te stellen voor nieuwe gedachten die aan een bepaalde behoefte voldoen. U kunt nooit te veel positieve gedachten hebben, maar als u er nog maar net mee begint te werken, is het wellicht beter er maar een paar te hebben die u goed kunt onthouden, dan een hele reeks die u gemakkelijk weer vergeet.

Bedenk dat u best plezier mag hebben met uw positieve gedachten. Speel ermee, experimenteer ermee en zoek naar leuke manieren om ze te gebruiken.

Uw eigen positieve gedachten creëren

Wanneer u met de bij de stenen gekozen positieve gedachten hebt gewerkt, wilt u misschien proberen er zelf ook enkele te scheppen. Hierna volgen enkele richtlijnen:
• Gedachten die relatief kort en makkelijk te onthouden zijn, werken vaak het beste.
• Stel uw positieve gedachten altijd in de tegenwoordige tijd. Bijvoorbeeld: *'Ik maak nu...'* of *'Ik ben altijd...'* Als u aan iets denkt alsof het nu al waar is, kan uw geest gemakkelijker de wijzigingen doorvoeren die de wijze waarop u het leven ondervindt zullen veranderen. Denkt u echter dat iets zál gaan gebeuren, dan is dat een schepping in de toekomst en daar zal die dan ook blijven, altijd buiten bereik. *'Over drie weken ga ik...'* zal altijd over drie weken blijven.
• U kunt uw positieve gedachten over het algemeen beter richten op het gewenste positieve resultaat dan op de situatie of toestand waarvan u los wilt komen. *'Ik ben gezond en ontspannen,'* is bijvoorbeeld een veel effectievere gedachte dan *'Ik ben nooit ziek of gespannen.'* Bij de laatste is uw aandacht te veel gericht op het negatieve resultaat, waardoor dat de werkelijkheid blijft.
• Uw negatieve of beperkende gedachten zijn het ruwe materiaal waaruit u positieve gedachten kunt vormen. Elke negatieve

gedachte bevat een basis voor positieve groei en verandering. '*Mijn leven zal nooit ten goede veranderen*' kunt u omzetten in '*Mijn leven wordt alsmaar beter.*'
• Voor wie wil experimenteren met positieve gedachten en andere aspecten van zelfgenezing zijn er veel uitstekende boeken verkrijgbaar (*zie blz. 158*).

De kracht van meditatie en visualisatie gebruiken

Visualisatie is het gebruik van gedachtebeelden om zelf de ervaringen te creëren die we wensen. Met de kracht van onze geest kunnen we stress wegdenken, rust en kalmte scheppen, ziekte voorkomen, onze gezondheid versterken, onze paranormale of intuïtieve vermogens doen ontwaken en onze spirituele ontwikkeling en persoonlijke groei bevorderen.

Veel mensen hebben al ontdekt dat de macht van creatieve dagdromen een bijzonder effect heeft op hun omgeving, hun carrière, hun financiën en hun relaties. Om uw wereld te veranderen, moet u eerst uw zienswijze daarop veranderen; de rest komt vanzelf.

Visualisatie en alle positieve denktechnieken hebben direct invloed op de belangrijkste van alle relaties: de relatie met onszelf. We kunnen immers alleen gezondheid, liefde en succes in ons leven creëren als we onszelf gezond, liefdevol en succesrijk vinden.

In *Het Egyptische orakel of het oog van Horus* zijn vijfentwintig meditaties opgenomen die gebruik maken van visualisatietechnieken. Deze versterken de positieve kenmerken van de met de stenen verbonden archetypes en zaaien zaadjes voor de verbeelding. Sommige doen paranormale of intuïtieve vermogens ontwaken; andere hebben betrekking op heling of persoonlijke groei; allemaal stimuleren ze een nieuw bewustzijn van onze essentiële aard. Visualiseren is een krachtige manier om toegang te krijgen tot slapende vermogens en vormt de sleutel tot positieve veranderingen.

Voorbereidingen treffen

De ideale situatie voor alle meditaties in *Het Egyptische orakel* is een veilig, rustig, warm en comfortabel plekje. Beperk mogelijke afleiding door de stekker van de telefoon eruit te trekken en te zorgen dat u niet gestoord kunt worden. U kunt eventueel zachte muziek gebruiken als u zich daardoor gemakkelijker kunt ontspannen, maar kies dan wel voor kalmerende, melodieuze (New Age-)muziek zonder teksten die uw aandacht vragen.

Ga in een prettige houding op uw rug liggen of ga zitten met een goede steun in de rug, maar zorg dan wel dat uw voeten stevig op de grond staan. Leg uw armen en benen, handen en voeten bij voorkeur niet over elkaar opdat uw lichaam open en ontvankelijk is. Haal tijdens de visualisatie langzaam en diep adem en zorg dat uw lichaam lekker warm blijft terwijl u zich ontspant.

Als u eenmaal goed met de beelden en technieken uit dit boek kunt werken, wilt u misschien ook in andere situaties mediteren – bijvoorbeeld in de bus – maar het hier beschreven scenario is wel het gemakkelijkst. Bedenk wel dat u deze technieken niet mag toepassen tijdens het autorijden of in andere situaties waarin u zich goed moet concentreren.

U hoeft de visualisatie-oefeningen niet tot in detail uit te voeren. Het idee dat u hard moet werken om alles precies goed en in de juiste volgorde te doen, zal namelijk niet bepaald ontspannend werken. Lees ze gewoon een paar keer door om de betekenis ervan goed in u op te nemen, ontspan u en laat het opwekken van de beelden aan uw geest over. Als dat helpt, kunt u een bandopname van uw eigen stem gebruiken om u door de visualisatie heen te leiden, of een goede vriend of vriendin vragen u erdoorheen te praten.

Sommige mensen bezitten een natuurlijk vermogen in beelden te denken, voor anderen vergt dat wat oefening. Ongeacht de werking van uw geest is de intentie veel belangrijker dan uw vermogen om duidelijke beelden op te roepen. Om baat te hebben bij deze technieken, is het voldoende het concept of het idee van het beeld in gedachten te houden.

U kunt beter uw geest de vrijheid geven om te spelen dan krampachtig proberen volstrekt accuraat te zijn. Bedenk ook dat, hoe meer u met de visualisaties in dit boek werkt, hoe gemakkelijker ze worden. Pas de beelden gerust aan uw veranderende behoeften of voorkeuren aan; wellicht komt u na een poosje tot de ontdekking dat uw verbeelding ze automatisch uitbreidt en versterkt.

DEEL 2

DE STENEN

'Het oog van Horus is uw bescherming; het spreidt zijn bescherming over u uit... Het oog van Horus verschijnt intact en stralend als Re aan de horizon; het overstemt de macht van Seth die het wilde bezitten.'
HET OUDE EGYPTISCHE DODENBOEK

Ware bescherming vinden we niet door ons voor te bereiden op de aanval of de verdediging. Bescherming van alles wat ons heilig is vinden we door ons bewustzijn te ontwikkelen en onze persoonlijke 'magie' aan te scherpen, zodat we een inbreng hebben in ons leven en in de wereld. Waarlijk beschermd zijn we met een positieve, liefdevolle intentie, vertrouwen in onze eigen vermogens en een duidelijk beeld van de weg die voor ons ligt. Dit deel van het boek is uw gids naar de aan de stenen verbonden heilige archetypen. Sta deze goden, godinnen en heilige symbolen toe u te overspoelen met hun gaven van positieve intentie, visie en bewustzijn. Laat Het oog van Horus *uw bescherming zijn.*

SYMBOLEN EN HIËROGLIEFEN

De vijfentwintig stenen bij *Het Egyptische orakel* bevatten afbeeldingen die zijn ontleend aan de symboliek van de goden en godinnen en het hiërogliefenschrift van de oude Egyptenaren. Sommige van de gekozen afbeeldingen zijn direct afgeleid van de gehele beeltenis van de god of godin zoals aangetroffen in schilderingen op tempelmuren en andere plaatsen. Een voorbeeld daarvan is het hoofd van de god Seth, een samengesteld beest, dat gekozen is om deze god te

Het hoofd van Seth vertegenwoordigt de god op de orakelsteen

Het parfumkruikje vertegenwoordigt de katgodin Bastet

vertegenwoordigen op de steen in deze verzameling.

Andere afbeeldingen zijn ontleend aan de bredere symboliek van de desbetreffende god of godin, maar zijn ook terug te vinden in het hiërogliefenschrift. Een voorbeeld daarvan is het parfumkruikje van de katgodin Bastet, dat ook een van de drie tekens is waaruit haar in hiërogliefen geschreven naam bestaat. De namen van de goden en godinnen worden in het hiërogliefenschrift soms fonetisch gespeld, soms weergegeven door een ideogram (een teken voor een heel woord) en soms door een combinatie van fonetische tekens en ideogrammen.

Traditioneel konden de hiëroglifen van het oude Egypte van links naar rechts of van rechts naar links worden gelezen. Dat laatste kwam het meest voor, hoewel er ook voorbeelden van hiëroglifen zijn gevonden die van onder naar boven of van boven naar onder moesten worden gelezen. De sleutel tot de leesrichting lag in de richting waarin de tekens wezen. Een hoofd of figuurtje dat naar links wees, moest van links naar rechts worden gelezen; wanneer het naar rechts wees, gold het tegenovergestelde.

De stenen moeten van links naar rechts worden gelezen. De symbolen en beelden die niet recht van voren zijn afgebeeld, kijken naar links. Let op dat die oriëntatie in het geval van de hieronder afgebeelde steen van de god Khepri aangeeft of de steen rechtop of ondersteboven is neergelegd.

De steen van Khepri rechtop. De scarabee kijkt hierbij naar links.

GEB

God van de aarde

— Ecologie —

— Voeding —

— Ouderlijk oordeel —

— Gezag —

De god Geb is de belichaming van de aarde. Op sommige afbeeldingen zit hij, op andere leunt hij achterover met één arm naar de lucht gericht en de andere naar de grond. Hij is de vader van de goden en op diverse manieren verbonden met de troon van Egypte; hij schenkt de rechtmatige erfgenaam het gezag om te heersen. Als broer en echtgenoot van de hemelgodin Nut wordt hij soms samen met haar afgebeeld. Wanneer Geb achteroverleunt, strekt Nut zich boven hem uit. Soms is hij opgewonden en soms bevrucht hij haar. Geb voorziet in de vruchten van de aarde die de mens voeden en er wordt gezegd dat er gerst aan zijn ribben ontspruit. De hiëroglief van zijn naam is het symbool van een gans. Zijn kleuren zijn de groene tinten van een weelderige vegetatie.

De scheppingsmythe van Heliopolis

Volgens de Oudegyptische mythologie was er voor de schepping niets dan Nu, een eindeloze oceaan die de duisternis vulde. De wateren van Nu waren symbolisch voor het niet-bestaan voor en na het leven zoals de intellectuelen van Heliopolis zich dat voorstelden. Nu werd gezien als een constante aanwezigheid die zelfs na de schepping zichtbaar bleef. Algemeen heerste de angst dat Nu door de hemel heen zou breken en de aarde opnieuw in niet-bestaan zou onderdompelen.

Atum was de scheppingsgod, die naar men meende was opgestegen uit de wateren van Nu. Hij werd gezien als een godheid die zichzelf had ontwikkeld, een zonnegod die op een verhoging stond en alle krachten van de natuur in zich verenigde. Hoewel hij in essentie als een mannelijke god werd beschouwd, belichaamde hij ook het vrouwelijke principe. Zijn zaad schonk het leven aan de goddelijke tweeling Shu en Tefnut; Shu is de god van de lucht en Tefnut de godin van de vochtigheid. Uit de vereniging van lucht en vochtigheid in de vorm van deze broer en zuster werden de aardgod Geb en zijn zuster Nut geboren.

De vruchtbaarheid van Egypte

Geb vertegenwoordigt de aarde als geheel en was met name de belichaming van het land Egypte. Hij is symbolisch voor de rijkdom en overvloed van de aarde én voor aspecten van de natuur die gevreesd werden. Hij wordt vaak groen afgebeeld, waarbij gerst of andere weelderige plantengroei uit zijn lichaam groeit. Zijn vruchtbaarheid wordt benadrukt door afbeeldingen waarop zijn fallus zichtbaar is of waarop hij copuleert met de luchtgodin Nut, die op hem ligt. Hij werd soms gevreesd omdat de doden in de aarde werden begraven en omdat aardbevingen en vulkaanuitbarstingen met hem werden geassocieerd.

Interessant om op te merken is, dat Geb als god van de aarde en Nut als godin van de hemel een beeld van de wereld geven dat afwijkt van de overheersende overtuigingen in India, Europa en Amerika. In deze culturele tradities is de aarde het vrouwelijke en de lucht het mannelijke element. Wel wordt algemeen aangenomen dat de vereniging van die twee leven voortbrengt.

Geb en bestuur

Geb wordt vaak afgeschilderd als een symbool van ouderlijk gezag. Hij is zowel een rechter en bestuurder als een bron van grote vruchtbaarheid. In de strijd die zijn moordende zoon Seth en zijn wrekende kleinzoon Horus voerden om de troon van Egypte zou Geb volgens sommige bronnen de god zijn geweest die het tribunaal aanvoerde; andere bronnen schrijven die rol toe aan de zonnegod Re.

Geb droeg zijn aardse gezag over aan zijn oudste zoon Osiris; nadat Seth Osiris had vermoord, verleende Geb het gezag aan zijn kleinzoon Horus. De laatste persoon in die lijn van afstamming was de menselijke koning van Egypte, die door zijn rol onsterfelijkheid verwierf. Geb werd dan ook de vader van de goden genoemd, en de koning was de rechtmatige erfgenaam van Geb.

GEB IN EEN LEZING

Rechtop

Als u deze steen hebt gekozen in een lezing, wordt het tijd om eens te inventariseren hoe u uzelf voedt en verzorgt. Voorziet u in al uw behoeften of leidt u een leven dat niet in evenwicht is met uw fysieke, emotionele of spirituele ritme? Dit is een goed moment om nog eens naar uw voeding te kijken; kies voor verse, eenvoudige voedingsmiddelen waar u gezond bij blijft in plaats van u vol te stoppen met patat mèt of zelfs maaltijden over te slaan. Dit is ook het moment om uw tempo aan te passen, uw slaappatroon te reguleren en regelmatig aan lichaamsbeweging te gaan doen. Vermijd alles wat extreem is; het meeste plezier zult u ondervinden van eenvoud en matiging.

De steen van Geb voorspelt een periode van rijkdom. Hij vertegenwoordigt de natuurlijke overvloed waarmee respect voor je lichaam, je menselijkheid en je woonomgeving gepaard gaat. Zie uzelf als een plant die met zijn wortels in de aarde staat. We hebben allemaal wortels nodig om te kunnen groeien en uitbreiden. Een stabiel gezinsleven en ruimte voor uzelf om u veilig terug te trekken helpen daarbij, maar zelfs als u daar niet over beschikt, hebt u nog altijd de mogelijkheid om een stevige basis te creëren voor innerlijke zekerheid.

Stel uzelf de vraag: *'Staan mijn wortels stevig in rijke, vruchtbare bodem of zijn ze geplant in aarde die mij niet zal onderhouden?'* Dit is het moment om te kiezen tussen de droge, steenachtige bodem van negatief denken, emotionele onoprechtheid en relaties waarin u geen steun ontvangt en de vruchtbare aarde van positief denken (de mineralen), eerlijke emotionele uitingen (het water) en stabiele vriendschappen (de essentie van de aarde). De rijkdom van Geb staat tot uw beschikking, maar alleen u kunt uw wortels daar planten waar ze goed worden gevoed en waar uw groei en ontwikkeling worden gesteund.

Ondersteboven

Ligt deze steen ondersteboven, dan bent u misschien de rijke, vruchtbare bodem die de dromen en verlangens van anderen ondersteunt. Uw aanwezigheid geeft hen de stabiliteit om te groeien en te floreren. Dat is voor u een positieve rol. Alle betrokkenen zullen van uw diensten profiteren, ook u. Verwachten anderen echter dat u de verantwoordelijkheid voor hun wandaden, tekortkomingen en gebrek aan daadkracht op u neemt, denk dan nog eens heel goed over uw situatie na. Ontnemen uw leiderschap en steun iemand de behoefte zelf stabiliteit te zoeken? Beschermt u anderen voor de gevolgen van hun eigen tekortkomingen? Zolang u uw rol duidelijk voor ogen hebt en eerlijk blijft in uw oordeel zal uw invloed voor iedereen een weelderige oogst opleveren.

Dit is ook het moment om u te bezinnen op uw relatie tot het ouderlijk gezag. Moet u misschien uw relatie met uw vader herstellen? Moet u leren een stabiele ouder te zijn voor uw kinderen? Hebben jongere familieleden, jonge werknemers of anderen die naar u opkijken voor gezag en leiderschap behoefte aan uw verstandig oordeel? Ongeacht welke rol we op ons nemen, hebben we allemaal onze eigen hoop, angsten en verlangens. Betoon iedereen uw liefde en medeleven, ongeacht of ze boven u staan in gezag of u als de gezaghebbende figuur zien.

Kenmerken

Vertegenwoordigt deze steen een persoon die in uw leven is gekomen, dan zal die een gezaghebbend figuur zijn die respect afdwingt door zijn vertoon van ervaring, oordeelkunde en standvastigheid. Deze persoon is eerlijk en betrouwbaar. Zijn aanwezigheid kan een project bekrachtigen of gewicht verlenen aan een bepaalde aanpak. Hij kan u de bevestiging of goedkeuring verlenen die u nodig hebt om succes te hebben. Het kan ook een persoon zijn die op de bres springt voor het milieu of voor politieke stabiliteit. In de westerse astrologie passen de eigenschappen van Geb het beste bij het teken Steenbok.

Meditatie

Sluit uw ogen, adem diep in en ontspan u. Voor deze visualisatie kunt u het beste rechtop gaan zitten met uw voeten stevig voor u op de grond. Stel u bij het inademen voor dat er wortels uit uw voetzolen groeien en visualiseer dat ze zich snel uitbreiden, omlaag groeien en zich in alle richtingen vertakken. Beeld u in dat die wortels gemakkelijk doordringen in de vloer onder uw voeten en snel hun weg vinden naar de aarde, ook al moeten ze daarvoor door diverse verdiepingen of een dikke betonnen fundering heen. Bent u buiten, visualiseer dan hoe ze zich steeds dieper in de aarde graven. Zijn uw wortels eenmaal op hun plaats, dan stuurt de aarde er een weelde aan helende energie doorheen om u te stabiliseren en te sterken. Zie hoe uw wortels die energie opzuigen en omhoogbrengen naar uw lichaam. Blijf in deze positie zitten zo lang dat comfortabel is en sluit de meditatie af door u voor te stellen hoe uw wortels zich terugtrekken en u sterk en vol vertrouwen achterlaten.

POSITIEVE GEDACHTEN

De aarde voedt mij.
De goddelijke vader leidt mij.
Mijn leven is rijk, vruchtbaar en vol overvloed.
Ik schenk de aarde genezing en ontvang zelf genezing.
Mijn omgeving steunt mij te allen tijde.
Ik ben het gezag in mijn leven.
Ik ben stabiel en vol vertrouwen.

NUT

Godin van de hemel

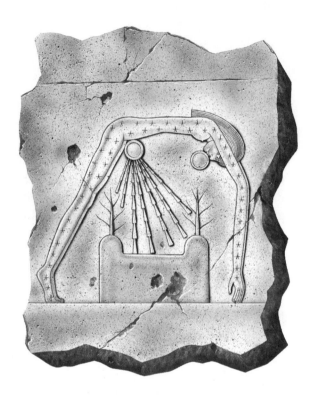

— Mysterie —

— Firmament —

— Onderhoud —

— Lach —

De godin Nut is de vrouw en zuster van Geb en de moeder van Isis, Osiris, Seth en Nephthys. Als godin van de hemel wordt ze vaak afgebeeld met haar lichaam uitgestrekt boven de aarde en haar handen en voeten op de windstreken geplaatst. Zij is het firmament dat de aarde beschermt tegen de vormloze chaos daarbuiten en houdt als zodanig alles wat leeft in stand. Soms wordt Nut afgebeeld als een koe in de lucht en vaak met sterren op haar lichaam of kledij. Ze werd ook wel beschreven als 'meesteres van de hemellichamen' omdat men meende dat ze de sterren in haar mond nam en via haar baarmoeder weer uitscheidde in een voortdurende cyclus. Haar kleuren zijn het indigo van de nachtlucht en het zilver van de sterren.

De beeltenis van Nut

De godin Nut wordt vaak van opzij afgebeeld, met haar lichaam boven de aarde uitgestrekt. Vanuit dit perspectief lijkt ze haar handen en voeten dicht bij elkaar te houden. Het ware Egyptische beeld van deze godin was echter dat van een zowel in de lengte als breedte uitgestrekte figuur, waardoor de handen en voeten op de vier windstreken, het noorden, zuiden, oosten en westen, rustten. Op sommige afbeeldingen wordt ze ondersteund door haar vader Shu, god van de lucht, die met opgeheven armen onder haar staat als een soort Oudegyptische Atlas.

De hiëroglief voor Nut bestaat uit drie symbolen. Ten eerste het symbool voor de lucht of hemel dat de godin aanduidt. Dit is een vereenvoudigde afbeelding van Nuts boven de aarde uitgestrekte lichaam. Omdat het een vlak, tweedimensionaal beeld is, lijkt de hemelhiëroglief wel wat op het zijaanzicht van een tafel. Ten tweede het symbool voor een kom of schaal en ten slotte de hiëroglief voor een brood. Deze symbolen vertegenwoordigen de godin ook op de steen van Nut.

Zoals veel Egyptische godinnen werd Nut geassocieerd met de koe, een dier dat als een bron van voeding en verzorging werd beschouwd. De afbeelding als koe duidde op grote moederlijke kracht en goedaardige wijsheid. De hemel was een beschermende moeder voor alle sterfelijke bewoners van de aarde en haar lichaam diende als een schild boven hen. Zelfs het potentieel angstaanjagende gerommel van de donder werd door sommigen als goedaardig beschouwd: het was de lach van Nut.

De hemellichamen

Nut had een bijzondere relatie met de zon en de sterren. Men geloofde dat ze 's ochtends de sterren opat en de zon ter wereld bracht. In de loop van de dag trok de zon langs haar lichaam om 's avonds, wanneer de sterren geboren werden, te worden opgegeten. Dit beeld werd vergeleken met een zeug die haar biggen opat en daarna ter wereld bracht. In haar vorm als koe en als vrouw werd ze vaak afgebeeld met sterren op haar lichaam. Als zeug was ze te zien terwijl ze haar 'kinderen' zoogde.

Deze dagelijkse cyclus van dood en wedergeboorte schiep een voor de hand liggend verband tussen Nut en de begrafenisriten van de Egyptenaren. De grafkamer en sarcofaag van een koning of edelman werden vaak versierd met afbeeldingen van Nut of de sterren. Men dacht ook wel dat de dode koning in de hemelgodin verbleef; Nut werd dan ook gezien als de hemelse doodskist.

Moeder van de goden

Met haar broer en echtgenoot Geb verwekte Nut de goden en godinnen van de Osirismythen. Geb, de aardgod, ligt op afbeeldingen vaak onder haar, met de ene arm opgeheven en de andere omlaag en een naar de hemel gerichte fallus. Osiris en Isis, het eerste mannelijke en het eerste vrouwelijke kind, werden de oorspronkelijke heersers over Egypte. Hun jongere broer en zuster waren Seth en Nephthys. Seth, de god van vernietiging die zijn broer vermoordde, zou zich met geweld een weg uit de baarmoeder van Nut hebben gebaand.

NUT IN EEN LEZING

Rechtop

Als u deze steen hebt gekozen in een lezing, wordt u eraan herinnerd het beste te verwachten en de in uw vroege jeugd aangeleerde overlevingsangsten los te laten. De hemel zal niet op uw hoofd vallen en uw leven zal niet worden ondergedompeld in chaos, tenzij u dat door negatieve of angstige gedachten over uzelf afroept. Bij de meesten van ons gaat de keuze om te leven als spirituele wezens op een pad van menselijke ontwikkeling gepaard met enige weerstand. Als kind hebben we een sterk overlevingsinstinct, maar onze weerstand tegen het leven heeft, samen met de angsten, negatieve ideeën en beperkingen die we van onze ouders leren, invloed op alles wat we ervaren. Wie bang is voor het leven, groeit op met een dreigend gevoel van onheil en is gevoeliger voor ziekte, problematische relaties en financiële problemen.

De steen van Nut luidt een periode in waarin we boven de mentaliteit van het zwoegen uitstijgen en de vreugde, het plezier en de groeikracht van het leven ervaren. Door onze kijk op de wereld te veranderen, kunnen we onze pogingen te overleven staken en tot bloei komen. Nut schenkt ons universele, onbeperkte mogelijkheden als we ons openstellen voor haar gulle gaven. Houd uzelf regelmatig voor dat het veilig is te leven. Omarm de onzekerheid die we allemaal kennen. Niets staat vast; de wereld verandert voortdurend. Verspil geen energie aan pogingen elke ervaring te beheersen, maar leer uzelf het beste te verwachten en vertrouw erop dat u alles aankunt wat het leven u brengt. Wanneer het dondert, is het onze keus dat te zien als dreigend gerommel, terwijl het toch slechts de lach van Nut is.

Nut vertelt ons dat de wereld ons zal onderhouden als we dat toelaten. We hebben allemaal het vermogen welvaart, welzijn, vriendschappen met gelijkgestemde zielen en een bevredigende carrière te ervaren. De wereld ligt voor u open. Er zijn geen beperkingen en er is geen weg terug. Het is aan u het mysterie en de onzekerheid van uw leven te omarmen en de volgende stap te zetten. Dit is de wereld van uw dromen.

Ondersteboven

Ligt deze steen ondersteboven, dan inspireert u andere mensen om het zwoegen achter zich te laten en te leren genieten van de onzekerheid en het mysterie van het leven. Uw aanwezigheid vertelt anderen dat er nog een universum van mogelijkheden te verkennen valt; dat het leven een heerlijk avontuur is. Nut is een beschermende moeder en wellicht is ook uw invloed moederlijk en koesterend. Misschien ziet u de slapende, verborgen gaven en talenten in uw 'kinderen' of beschermelingen en kunt u die gaven wekken zodat ze als sterren kunnen stralen. U hoeft echter niet altijd uw energie in hun vorderingen te steken. Door uzelf te zijn en uw droom waar te maken, wijst u anderen op hun mogelijkheden tot verbetering, spirituele groei en succes. Misschien ook brengt u anderen de waarde bij van humor en herinnert u hen eraan dat soms niets beter is dan je overgeven aan het leven, lachen om je beperkingen en vertrouwen op het goddelijke. Het leven gaat door, nacht na dag en dag na nacht. Wij zijn gewoon te groot om verward te raken in onbelangrijke ruzietjes of ons te laten hinderen door kleinigheden. Nut reikt niet alleen naar de windrichtingen, maar ook naar de toekomst en ze weet dat de toekomst prachtig is voor iedereen die bereid is het grotere geheel te zien.

Kenmerken

Vertegenwoordigt deze steen een persoon in uw leven, dan is die leuk, vriendelijk, enthousiast en vol ideeën; altijd op zoek naar nieuwe uitdagingen, uitvindingen en stimulerende relaties. Hij of zij kan rebels lijken, voortdurend de conventies uitdagen en zich verzetten tegen de bureaucratie. Al is deze persoon echter dynamisch en op groei gericht, hij heeft ook een onderliggende behoefte aan orde en stabiliteit. Hij is vrij conservatief, al is dat niet meteen zichtbaar. In de westerse astrologie passen de eigenschappen van Nut het beste bij het teken Waterman.

Meditatie

Sluit uw ogen, adem diep in en ontspan u. Zie hoe u langs de nachtelijke hemel vliegt, vrij en licht, beschermd door de liefde van Nut door wier domein u vliegt. Strek u uit en voel alle beperkingen en belemmeringen van u afvallen. Nodig nieuwe bronnen van inspiratie en vreugde in uw leven uit. Stel uw geest open voor nieuwe ideeën, energie en kansen. Zie hoe de sterren u beschijnen en stel u voor dat u met elke ademtocht uw longen vult met frisse lucht en schitterend sterrenlicht. Sterrenlicht verlicht uw hart en uw bloedsomloop brengt de zuurstof en helende inspiratie van de sterren naar elk deel van uw lichaam. Stel u ten slotte voor hoe u uw voeten stevig op de grond zet. U bent vervuld van inspiratie en in staat nieuwe ideeën om te zetten in daden. Laat uw talenten stralen.

POSITIEVE GEDACHTEN

Ik roep de helende kracht van gelach op.
Ik vervul mijn goddelijke doel.
Ik raak de hemel aan met mijn dromen.
Ik verruim mijn horizon.
Ik zie gemakkelijk het grotere geheel in mijn leven.
Mijn heden steunt mij, de toekomst nodigt mij uit.
Ik ben positief en optimistisch.

OSIRIS

Heer van de onderwereld

— Kracht —

— Universele macht —

— Vruchtbaarheid —

— Voortdurend leven —

De god Osiris is de eerstgeboren zoon van Geb en Nut. Hij wordt meestal gemummificeerd afgebeeld met de koningsscepters in zijn handen. Zijn kroon rust op een basis van ramshorens en bevat aan elke kant een veer. De hiëroglief voor zijn naam bestaat uit het symbool voor een oog en een koninklijke draagstoel. Osiris is een universele god die de eigenschappen van andere godheden kan opnemen in zijn eigen persoonlijkheid. Hij wordt geassocieerd met het verbouwen en oogsten van gewassen en vertegenwoordigt de ontwikkeling van de beschaving. Hij is echter vooral verbonden met de voortduring van het leven na de dood en het blijvende licht van de geest. Osiris heerste over de Egyptische onderwereld, 'Duat'. Zijn kleuren zijn wit en groen.

Osiris de koning

Osiris zou met zijn zuster Isis als zijn koningin over het predynastieke Egypte hebben geregeerd. Zijn heerschappij op aarde was een gouden tijd van welvaart, waarin hij de natuurkrachten stevig in bedwang hield. Zijn aardse bewind werd abrupt beëindigd toen hij werd vermoord door zijn broer Seth, wiens poging de positie van zijn oudere broer over te nemen aanvankelijk succes had. Het recht op de troon van Osiris werd echter opgeëist door diens zoon Horus. De farao's verdedigden hun voorrecht om te heersen door zich de zoon van Osiris te noemen. Ze werden de levende belichaming van Horus die hun goddelijke macht ontvingen van hun vader in de onderwereld.

Na zijn dood werd Osiris heerser over de onderwereld. Voor de oude Egyptenaren vertegenwoordigde dat de voortduring van het leven na de dood. Wanneer de levende heersers van Egypte stierven, waren ze niet langer de belichaming van Horus, maar werden ze Osiris, koning van Duat. Die overgang verzekerde hen van onsterfelijkheid en een blijvende leidersrol. Ze konden nu bevelen geven vanaf de troon van Osiris.

De moord op Osiris

Het verhaal over de moord op Osiris kent verschillende versies. Volgens sommige werd de god gedood op de rivieroever bij Nedyet. In die versie begint Seth zijn aanval op Osiris in het land Gahesty en slacht hij hem in Nedyet af, waar hij pas na enige tegenstand overlijdt. In een andere versie verlokt Seth Osiris ertoe in een kist te stappen en sluit hem dan op. De kist met Osiris erin wordt in de Nijl geworpen en de god verdrinkt. Deze versie is wellicht symbolisch voor het overstromen van de Nijl die het land vruchtbaar maakt, wat het kweken en oogsten van nieuwe gewassen mogelijk maakt.

In latere verhalen hakte Seth het lichaam van Osiris in veertien stukken die over Egypte werden verspreid. Met de hulp van haar zuster Nephthys zocht Isis de lichaamsdelen bijeen en zette ze weer aan elkaar voor zijn leven in de onderwereld.

Voortdurend leven

Osiris dankt zijn rol als god van de landbouw aan het verhaal over zijn dood en wedergeboorte. Er is een parallel te trekken met de gewassen, die worden geoogst om opnieuw te worden gezaaid. Er is zelfs een verwijzing naar de moord op Osiris die de god vergelijkt met gerst. Seth dorst de gerst wanneer hij het lichaam van Osiris in stukken hakt. Osiris stond voor harmonie tussen de natuurkrachten, weelderige begroeiing en vruchtbaarheid, terwijl Seth de god was van de woestijn en chaotische natuurkrachten. Wellicht gaf het voortdurende leven van Osiris de Egyptenaren de hoop op een nieuwe oogst en overleving na een droog of stormachtig seizoen en symboliseerde het tevens hun geloof in een leven na de dood.

De Egyptische angst voor de dood leidde tot een band tussen Osiris en de zonnegod Re. Als tweelingzielen zouden zij zorgen dat de onderwereld door de zon werd verlicht.

OSIRIS IN EEN LEZING

Rechtop

Hebt u deze steen gekozen, bedenk dan dat dit een tijd is van vernieuwing en voortdurend leven. We bezien het einde van een kringloop of tijdperk of de voltooiing van een project vaak met een gevoel van angst of vrees. Voor ons ligt de leegte van het onbekende, wegen die we nog moeten kiezen of nieuwe projecten die een onzekere toekomst inhouden. Vat moed en bezie het volgende hoofdstuk in uw leven met vreugde, vertrouwen en positieve verwachting. De steen van Osiris vertegenwoordigt zowel het begin als het einde van een kringloop en symboliseert tevens de reis die we allemaal maken naar een nieuw leven, nieuwe groei en een groter bewustzijn. Er is veel te leren en veel te winnen als we geloven dat het veilig is de volgende stap te zetten.

Wanneer we aan iets nieuws beginnen, kunnen we aan onze identiteit gaan twijfelen. Gevestigde rollen, banen en relaties geven ons een veilige positie; we weten immers wat er van ons verwacht wordt en hoeven ons niet meer zo vaak te bewijzen. Iets nieuws ondernemen kan ons daarentegen kwetsbaar en onzeker maken. Soms lijken de ervaring en het vertrouwen die we door de jaren heen hebben opgebouwd in het niets te verdwijnen en voelen we ons weer als een kind op zijn eerste schooldag. Hoewel we een zekere graad van vertrouwen kunnen ontwikkelen die ons door de meeste dingen heen helpt, is het belangrijk te beseffen dat een periode van onzekerheid ook veel goeds met zich mee kan brengen. Wanneer we ons onzeker voelen, kunnen we van onze starre denkwijze afstappen en nieuwe keuzes maken die onverwachte voordelen kunnen opleveren.

De steen van Osiris luidt een tijd in van vruchtbaarheid. Het leven is rijk aan kansen, er zijn mogelijkheden voor persoonlijke groei en het succes wacht om de hoek. Bedenk dat niets dat waardevol is echt vernietigd kan worden: niets wat u leert is ooit verloren en geen enkele vriendelijke daad wordt ooit vergeten. Alles van waarde wat u ooit hebt gedaan of ervaren, zal uw leven blijven verrijken en ervoor zorgen dat uw toekomst wordt gezegend met geluk.

Ondersteboven

Ligt deze steen ondersteboven, dan geeft uw invloed anderen een besef van nieuw of voortdurend leven. U wordt gezien als een krachtig persoon wiens voorbeeld anderen ertoe aanzet zichzelf te vertrouwen en hun leven te vervolgen. Uw aanwezigheid wekt de hoop dat er voor iedereen nieuwe horizonten wachten na een tijd vol uitdagingen of plotselinge verandering. Wanneer u gewoon hard werkt aan uw eigen persoonlijke ontwikkeling is uw invloed groter dan wanneer u andere mensen probeert te veranderen. Het heeft geen zin andere mensen naar uw wil te vormen; vertrouw er liever op dat ze hun eigen keuzes maken. Wees ervan verzekerd dat u een positief, motiverend effect op de mensen in uw omgeving hebt door zo gemotiveerd en vreugdevol te zijn als u kunt.

Osiris ondersteboven zegt ook dat het tijd is om relaties die u niet langer steunen los te laten. Door verder te gaan, maakt u uzelf en anderen vrij om nieuw leven te scheppen.

Kenmerken

Vertegenwoordigt deze steen een persoon, dan straalt die stabiliteit, vertrouwen en een sterk besef van persoonlijke kracht uit. Het betreft een positieve en zelfverzekerde persoon die de uitdagingen van zijn eigen leven heeft overwonnen. Hij heeft ervaren dat hij de meeste obstakels die het leven op zijn pad werpt aankan en hij weet zijn zwakheden om te zetten in kracht. Deze persoon heeft nog altijd zijn eigen verwachtingen en angsten, maar is tot op zekere hoogte bevrijd van twijfel aan eigen kunnen en is in staat te genieten van het avontuur dat leven heet. De eigenschappen van de steen van Osiris passen het beste bij de tekens Boogschutter, Leeuw en Maagd in de westerse astrologie.

Meditatie

Sluit uw ogen, adem diep in en ontspan u. Stel u voor dat uw lichaam omgeven is door wit licht en dat u langs tarwe- en gerstvelden loopt. Zie de gewassen eerst groen en teer en stel u dan voor dat ze rijpen. Laat in uw verbeelding de tijd versnellen, zodat ze eerder hun rijke, gouden wasdom bereiken. Stel u daarbij voor dat uw huidige verwachtingen, dromen, doelstellingen en angsten veilig en bevredigend tot voltooiing komen. Zie hoe u, wanneer de gewassen gerijpt zijn, de beloning oogst voor uw huidige vriendschappen, projecten en keuzes voor u verdergaat. Het witte licht beschermt u en helpt u om u te ontdoen van gedachten, gevoelens en keuzes die niet uw opperste welzijn dienen.

Bent u hiermee klaar, kijk dan hoe de velden weer worden ingezaaid. Elk zaadje wordt beschermd door een laagje wit licht dat veilige en positieve groei in uw leven zal waarborgen.

Al uw nieuwe keuzes zullen voorspoedig tot bloei komen.

POSITIEVE GEDACHTEN

Mijn leven wordt alsmaar beter.
Mijn lichaam straalt levenskracht, energie en vitaliteit uit.
Ik heb het recht om te leven en te gedijen.
Mijn leven is buitengewoon rijk en voorspoedig.
Het is veilig om nieuwe dingen te leren.
Mijn leven is gevuld met nieuwe mogelijkheden.
Ik werk me op tot grotere glorie en grotere beloningen.

ISIS

Moeder van magie en majesteit

— Toewijding —

— Magische krachten —

— Moederschap —

— Trouw —

De godin Isis is de belichaming van de Goddelijke Moeder, zoals de hindoegodinnen Kali en Durga in de Indiase cultuur en de Maagd Maria in veel interpretaties van het christelijk geloof. Ze wordt vaak vertegenwoordigd door een hiëroglifisch troonsymbool dat wijst op haar koninklijke positie of haar invloed op het koningschap van Egypte. De steen voor Isis duidt daar ook op. Soms wordt ze afgebeeld met een kroon van koehorens, die haar moederlijke macht vertegenwoordigt; volgens de legenden zou ze ook weleens de vorm van een koe of zeug aannemen. Isis is de dochter van de aardgod Geb en de hemelgodin Nut. Ze is de zuster en gemalin van Osiris, die tot zijn dood samen met haar over de aarde regeerde. De kleur van Isis is helder blauw.

De macht van Isis

Isis is geboren uit Geb en Nut, en is de zuster van Osiris, Seth en Nephthys. Isis dankt haar macht zowel aan haar eigen slinksheid, wijsheid, mededogen en vasthoudendheid als aan haar afkomst. Er zijn veel verhalen over haar magische krachten en haar kundige gebruik daarvan. Isis voorziet de moord op Osiris door Seth en zoekt na zijn dood onvermoeibaar de afgehakte delen van zijn lichaam bij elkaar. Met behulp van haar magie wekt ze Osiris tijdelijk weer tot leven zodat ze kunnen copuleren. Op sommige afbeeldingen zweeft ze in de vorm van een wouw of sperwer boven hem terwijl hij haar zwanger maakt.

Isis is de personificatie van toewijding. Tijdens het leven van haar broer en gade Osiris staat ze hem vol toewijding terzijde bij het besturen van Egypte. Nadat hij door Seth is vermoord, blijkt haar liefde uit haar rouw om het verlies van Osiris en uit haar vindingrijkheid bij het verwekken van een zoon, Horus, die zijn vaders plaats als koning kan overnemen. Isis geeft blijk van grote moed en toewijding bij het beschermen van haar eigen mensen; ze wordt zelfs overvallen door familietrouw wanneer ze de kans krijgt haar moorddadige broer Seth te doden. Dat doet zich voor tijdens de strijd om het koningschap tussen Seth en Horus. Beide goden nemen de vorm van nijlpaarden aan en Isis slaagt erin haar broer te harpoeneren terwijl hij onder water is. In een moment van mededogen schuift ze haar verlangen om haar zoon Horus de overwinning te bezorgen terzijde en gebruikt ze haar magie om de harpoen uit Seths lichaam te verwijderen.

Moeder van de farao

Het troonsymbool dat Isis vertegenwoordigt, duidt erop dat de godin zelf de belichaming was van de troon van Egypte. Isis beschermde haar zoon Horus en hielp hem zijn rechtmatige plaats als koning in te nemen. Daarom werd ze gezien als degene die de farao's van Egypte hun goddelijke recht schonk om te regeren. In haar uiterst belangrijke positie als de moeder van Horus was ze ook de symbolische moeder van alle farao's. De heerser van Egypte zou hebben gedronken aan de borsten van zijn moeder Isis. We zien inderdaad vaak het beeld van Isis op een troon met de jonge Horus op haar schoot, zuigend aan haar borst.

De magie van Isis

Isis symboliseert niet alleen de vrouwelijke macht van de koningin, de moeder en de gemalin, ze vertegenwoordigt ook de hogepriesteres en de genezeres. Haar bijzondere magische vermogens maken haar anders dan de andere goden en godinnen van het Egyptische pantheon. Ze is het archetype van het autonome vrouwelijke principe dat we allemaal in ons dragen en dat niet ondergeschikt is aan het mannelijke principe maar daar gelijk aan is en het aanvult.

Tot de magische helende krachten van Isis behoren ook gebeden voor de genezing van kinderziekten, beten en brandwonden. In genezingsrituelen nam degene die aan koorts, verbranding of vergiftiging leed de rol van Horus aan; Isis werd dan aangeroepen om de kwalen van haar kind weg te nemen.

ISIS IN EEN LEZING

Rechtop

Hebt u deze steen gekozen in een lezing, wees dan gerust, want u zult worden gesteund bij alles wat u verkiest te doen. Spant u zich in voor een bijzondere zaak, het maken van carrière of een nieuwe baan, dan is het van belang dat u vertrouwt op uzelf en op de krachten die om u heen aan het werk zijn. Ondanks de tegenslagen die u hebt ervaren en de uitdagingen waarvoor u zich geplaatst zag, is uw leven goed op koers. U neemt uw rechtmatige plaats in de wereld in en volbrengt uw goddelijke doel.

Misschien bent u voor iemand anders een toegewijde, trouwe partner, geliefde, ouder, docent of collega. Uw trouw aan anderen zal in deze periode voor alle betrokkenen grote voordelen opleveren. Wees trouw aan uw idealen en uw doelstellingen, maar bovenal aan uw hart. Het is uw liefde voor uzelf en anderen die u het meeste vreugde schenkt.

Het is nu erg belangrijk flexibel te blijven en u aan elke nieuwe situatie aan te passen. Isis was in staat vele vormen en vermommingen aan te nemen om haar rol als goddelijke moeder, vrouw en tovenares te vervullen. Zo hebt ook u het vermogen verschillende rollen aan te nemen die passen bij de diverse mensen en ervaringen die u op uw pad zult treffen. U kunt een toegewijd vriend en vertroueling zijn, een harde onderhandelaar, een creatief genie, een efficiënt leider, een koesterende ouder of een hartstochtelijke geliefde. Er zijn nog wel een miljoen andere facetten aan uw persoonlijkheid, zolang u maar trouw blijft aan uw hart en uw helende vermogens.

Bovenal luidt de steen van Isis magische bewustzijnsveranderingen in; ontspan u dus en sta uzelf het geluk toe waarnaar u op zoek bent. Het is mogelijk dat uw helende, paranormale of adviserende vaardigheden snel groeien of dat u zich bewust wordt van uw unieke eigenschappen en gaven. Bekijk uzelf eens goed en erken hoe mooi, bijzonder en vindingrijk u werkelijk bent.

Ondersteboven

Ligt deze steen ondersteboven, dan moedigt hij u aan uw vernuft en slinksheid te benutten om iemand anders veiligheid of bescherming te bieden. Is er iemand in uw familie of vriendenkring die momenteel alleen kan slagen met uw hulp, inzicht en bescherming? Iemand die u kunt helpen zonder hem het vermogen te ontnemen zijn eigen keuzes te maken? Misschien bent u een engel van barmhartigheid die iemand een schouder biedt om op uit te huilen, of een 'regelaar' die achter de schermen werkt om dromen waar te maken. Misschien zelfs een advocaat of diplomaat die opkomt voor de rechten van anderen en het woord voor hen doet als ze daar zelf niet toe in staat zijn.

Bent u een ouder, dan betekent het feit dat u Isis hebt gekozen dat uw ouderlijke vaardigheden groeien en verbeteren. Zelfs degenen die ervoor kiezen geen kinderen te krijgen, hebben toch de mogelijkheid positieve ouderlijke vaardigheden te ontwikkelen. We kunnen leren onze vrienden, collega's of klanten te koesteren; of een sociale positie of professionele rol kiezen waarin we onze verzorgende gave tot uiting kunnen brengen.

Kenmerken

Vertegenwoordigt deze steen een persoon in uw leven, dan is dat iemand wier moederlijk gevoel voor trouw en toewijding u vertrouwen, doelbewustheid en stabiliteit schenken. Dat kan uw eigen moeder zijn of iemand die voor velen een moeder is. Bedenk wel dat uiterlijk niet alles zegt: zowel vrouwen als mannen kunnen de energie van de Goddelijke Moeder uitstralen. Ook kinderen kunnen bij hen die ouder zijn dan zij het goddelijk ouderschap doen ontwaken. Deze persoon komt met magische oplossingen voor problemen en brengt het soort heling dat alleen de aanraking van een moeder kan brengen. De eigenschappen passen het best bij het teken Kreeft in de westerse astrologie.

Meditatie

Sluit uw ogen, adem diep in en ontspan u. Vraag Isis in stilte u te helen en te beschermen. Zeg tegen uzelf: *'Ik ben bereid de genezing van de Goddelijke Moeder te ontvangen.'* Zie uzelf omringd door een hemelsblauw licht en stel u voor dat alle fysieke, mentale en emotionele vergiften veilig uit uw lichaam verdwijnen, dat ze naar het licht worden getrokken en volledig oplossen. Alle ziekte, pijn, disharmonie of negatieve gedachten worden door het licht van Isis getransformeerd.

Visualiseer dat het helende blauwe licht van Isis u ook de komende dagen zal blijven genezen. Deze kracht zal mensen, ervaringen en situaties aantrekken die aan uw welzijn kunnen bijdragen. Stel u tegelijkertijd voor hoe Isis u omringt met zachte, beschermende vleugels en hoe u wordt overspoeld door een gevoel van warmte en zachtheid. De vleugels van Isis beroeren uw hart en beschermen u volledig, schenken u troost en veiligheid.

POSITIEVE GEDACHTEN

Ik ben trouw aan mijn behoeften, dromen en verlangens.
Ik voel me altijd gezegend en gekoesterd.
Ik heel mezelf en voed mijn creatieve vermogens.
Ik word geleid door de goddelijke moeder.
Ik leg mezelf toe op het creëren van geluk en succes.
Mijn magische invloed zorgt voor goddelijke harmonie in mijn omgeving.
Ik trek de liefde en zorg aan die ik nodig heb.

SETH

Koning van de chaos

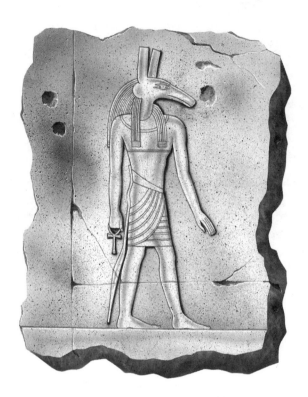

— Rebellie —

— Vernietiging —

— Rivaliteit —

— Zelfbeschikking —

De god Seth is de broer van Osiris, Isis en Nephthys. Hij is geboren uit Geb en Nut en is dus van koninklijke afstamming; sommige farao's associeerden zichzelf en hun recht om te heersen met zijn naam in plaats van met die van Horus en Osiris. Seth wordt gewoonlijk afgebeeld als een mensachtig wezen met de snuit en staart van een dier en twee aangroeisels boven op zijn hoofd. De legende schildert Seth af als een god van vernietiging en chaos. Hij is de moordenaar van zijn broer Osiris en vertegenwoordigt de weerbarstige en ongetemde krachten in de menselijke aard en in de natuur die door velen werden gevreesd. Hij wordt geassocieerd met stormachtig weer en zware bewolking en met diverse dieren, zoals het nijlpaard, de krokodil en het everzwijn. Zijn kleur is rood.

Seth de koning

Seth zou 'groots in kracht' zijn geweest, een minder vleiende aanduiding voor de macht die aan deze god werd toegeschreven en voor zijn centrale positie in de cultuur en het geloof van veel Oudegyptenaren. In sommige streken was Seth de soevereine god en de godheid die verbonden was met het recht op het koningschap. Het verhaal van de moord op Osiris door Seth en de strijd om de troon met zijn neef Horus wordt door sommige geleerden geassocieerd met de beredenering dat de ene reeks geloofsovertuigingen superieur is aan de andere.

Binnen Egypte bestonden diverse facties, elk met zijn eigen geloofsovertuigingen en oppergoden. Mogelijk was de populariteit, politieke juistheid en groei van sommige culten gebaseerd op het leggen van verbanden tussen de goden; of werden aan de goden relaties toegeschreven die hun posities in elke nieuwe politieke of religieuze orde verklaarden. Misschien is Seth niet altijd een chaotische, vernietigende kracht geweest, maar een machtige koning wiens Boven-Egyptische culten terrein verloren op de Beneden-Egyptische culten van Osiris en Horus.

Seth de vernietiger

Seths gewelddadige, vernietigende aard zou zich al hebben gemanifesteerd bij zijn geboorte. Hij zou zich met geweld een weg uit de baarmoeder van Nut hebben gebaand. Dat kan een symbool zijn voor de vernietiging en chaos die zich soms voordoen wanneer een nieuwe orde wordt gevestigd. Seth werd geassocieerd met natuurkrachten en aspecten van de oude wereld die men vreesde. Hij was de god van de woestijn, de zee, de storm en verre landen.

Die associatie met verre streken wordt gedeeltelijk verklaard door Seths band met de godinnen Astarte en Anat, die uit de semitische mythologie van Syrië en Kanaän aan het Egyptische pantheon werden toegevoegd. Tijdens zijn strijd met Horus krijgt Seth die godinnen aangeboden als gade; als troostprijs omdat het koningschap naar Horus ging. Seth was eerst verbonden aan zijn zuster Nephthys, maar haar rol als zijn gade stopte met de moord op Osiris. Deze associaties met het buitenland suggereren een god wiens invloed in ballingschap ligt en die de angst vertegenwoordigt voor het onbekende of voor dingen die buiten de Egyptische jurisdictie en macht vielen.

De symboliek van Seth

Behalve met het nijlpaard, de krokodil en het everzwijn werd Seth met veel andere dieren geassocieerd, waaronder de panter en het mythische wezen *hiu*, een slang met de kop van een aap. Bijna alle met Seth verbonden dieren werden gevreesd of droegen een taboe met zich mee. Ook sla hoort bij de symboliek van Seth; het zou zijn favoriete voedsel zijn geweest!

Het verband tussen Seth en het nijlpaard stamt uit een periode in de strijd om de troon van Egypte. Seth daagt Horus uit tot een duurtest, waarbij ze beiden nijlpaarden werden en deden wie het langst onder water kon blijven.

SETH IN EEN LEZING

Rechtop

Als u deze steen hebt gekozen, is het moment gekomen om een nieuwe orde te vestigen in uw leven. Nieuwe overtuigingen, nieuwe relaties en nieuwe gedragspatronen kunnen gepaard gaan met verwarring en chaos. Misschien lijkt uw hele wereld zelfs in duigen te vallen wanneer uw oude orde om u heen instort en brengt dat een gevoel van onzekerheid en verlies met zich mee. Toch is dit geen negatieve periode, maar een tijd van nieuwe kansen en doelstellingen. Uw goddelijke doel komt naar boven en uw hogere bewustzijn doet zich gelden. Als u de angst laat varen en erop vertrouwt dat u de veranderingen aankunt, zult u de nieuwe fase die zich aandient beginnen te begrijpen; dan zal de storm optrekken.

Seth kan ons veel leren over de creatieve aard van het conflict. Velen van ons kunnen niet met confrontaties omgaan en we verspillen energie door een bestaand conflict uit de weg te gaan of er agressief en gewelddadig op te reageren. Vaak heeft het een magisch effect onze angsten rustig onder ogen te zien en onze behoeften en verlangens te bevestigen. Dan zijn bijzondere compromissen mogelijk en zelfs een situatie waarin geen compromis kan worden bereikt, biedt vaak veel meer creatieve oplossingen dan we ooit voor mogelijk hadden gehouden. Als we gevangen zitten in angst en agressie, verliezen we onze objectiviteit, sturen we onze fantasie de verkeerde kant uit, verstikken we onze intuïtie en beperken we onze mogelijkheden. Als we echter ons best doen onze angst of boosheid te bedaren, onze ware gevoelens zo duidelijk mogelijk voor ons zien en de situatie onder ogen zien, beginnen we ons leven te veranderen.

De steen van Seth kan een tijd inluiden waarin belangrijke relaties in uw leven grote veranderingen en groei ondergaan. Veel relaties zullen de storm doorstaan en er sterker, liefdevoller en harmonieuzer door worden, andere niet.

De grote verandering kan zich echter ook voordoen in uw carrière, uw werkplek en de hiërarchie om u heen. Het is weliswaar goed toegewijd te zijn aan de relaties en projecten die u in uw leven hebt geschapen, maar het is ook belangrijk te erkennen dat behoeften veranderen en dat wanneer bepaalde omstandigheden plotseling veranderen – hoe vreselijk dat aanvankelijk ook mag lijken – alle partijen daardoor de vrijheid krijgen iets nieuws en beters te creëren.

Ondersteboven

Ligt de steen ondersteboven, dan bent u degene die een grote verandering teweeg kan brengen in het leven van een ander. Het is misschien niet uw bedoeling anderen te beïnvloeden, maar uw daden zijn nu onherroepelijk transformatief en ontwrichtend. U zult wellicht merken dat zelfs de simpelste daad voor u maar ook voor anderen een kettingreactie veroorzaakt.

Bedenk dat u sterk kunt zijn en tegelijk de kracht en rechten van anderen kunt respecteren. Zorgen dat er aan uw behoeften wordt voldaan, wil niet zeggen dat u anderen de mogelijkheid moet ontnemen aan hún behoeften te voldoen. En als u uzelf opoffert voor de behoeften en grillen van iemand anders, moet u wel inzien dat dat uw eigen keuze is en dat u ook een andere keuze kunt maken, die beter is voor u beiden. Begin een proces van verandering in het besef dat iedereen kan winnen zolang u trouw bent aan uzelf, eerlijk tegenover anderen en bereid alle kanten van een meningsverschil te zien.

Kenmerken

Vertegenwoordigt deze steen een persoon, dan komt die wellicht vreemd op u over. Zijn ideeën en gedrag zijn heel anders dan de uwe en u begrijpt ze niet meteen. Misschien vreest u zelf niet begrepen te zullen worden. Deze steen kan ook iemand vertegenwoordigen wiens invloed u vreest. Misschien een gezaghebbend persoon aan wie u de macht toeschrijft uw succes te maken of te breken, of iemand die een bedreiging lijkt te vormen voor de gevestigde orde in uw leven. Laat uw angst varen en vertrouw uzelf. In de westerse astrologie past Seth het beste bij de tekens Ram en Schorpioen.

Meditatie

Sluit uw ogen, adem diep in en ontspan u. Richt al uw aandacht op uw conflicten, ruzies of angsten, die u nu ervaart of in het verleden hebt ervaren. Doe het zo gedetailleerd mogelijk. Hoe beïnvloedt dit uw leven? Wat voelt u er precies bij?

Stel u deze nare ervaringen of conflicten als noodweer voor. Het kan een donderend onweer met bliksem en regen zijn, of een rode zandstorm in de woestijn. Zie uzelf beschermd door een cocon van helder, wit licht zonder problemen door het centrum van de storm en regen lopen. Niets kan u deren, dus terwijl u loopt bewondert u de schoonheid van dit natuurgeweld, en u komt er dan ook ongeschonden weer uit te voorschijn. Wanneer de storm en regen bedaard zijn, ziet u hoe schoon en fris alles is geworden.

POSITIEVE GEDACHTEN

Ik ben veilig met mijn macht.
Uit vernietiging komt creativiteit en harmonie voort.
Ik kan veilig het oude verjagen en het nieuwe scheppen.
Ik laat het verleden los; mijn leven zal mij met nieuwe gaven zegenen.
Ik ben in staat mijn goddelijke doel goed te hanteren.
De natuurkrachten helen en steunen mij.
Ik word overal bemind en geaccepteerd.

NEPHTHYS

Godin van behoud

— Schaduw —

— Bewaking —

— Terugtrekking —

— Smart —

De godin Nephthys wordt vaak beschreven als 'de meesteres van het kasteel', wat ook tot uiting komt in het hiëroglifisch symbool dat ze in veel afbeeldingen op haar hoofd draagt. Ze is de zuster van Seth, Isis en Osiris en was voor de moord op Osiris ook de gade van Seth. Ze is mysterieus en er is veel minder over haar bekend dan over haar broers en zuster. Nephthys is een begrafenisgodin en dus vaak belast met het behoud en de bewaking van het lichaam na de dood. Ze is de belichaming van de helende kracht van het verdriet en van de tedere en misschien stille bescherming van anderen. Ze geeft aan dat het wijs is het leven te verlaten om te treuren, na te denken, nieuwe inzichten te ontvangen en weer energie op te doen. Haar kleuren zijn matgroen en zilvergrijs.

Het verdriet van Nephthys

De associatie van Nephthys met verdriet komt voort uit haar reactie op de moord op Osiris en haar gedrag daarna. Nadat haar echtgenoot Seth Osiris in stukken heeft gehakt en die stukken over het hele land heeft verspreid, helpt Nephthys haar zuster Isis de delen van het lijk bijeen te zoeken. Zij en Isis nemen de vorm van wouwen aan en treuren ontroostbaar om Osiris. Het verdriet van Nephthys is misschien wel symbolisch voor het verdriet dat we voelen bij het verlies van een broer of zus, geliefde of machtig persoon. Voor Nephthys was Osiris alledrie.

De rollen van Nephthys

Vanwege de nauwe band tussen de beide godinnen wordt Nephthys vaak als een ander gezicht van Isis gezien, haar kloon of schaduw. Ze lijkt in elk geval vaak een ondergeschikte rol te hebben en schijnt geen eigen centrum van verering te hebben. Ze is echter een belangrijk archetype en was misschien wel invloedrijker dan tegenwoordig wordt aangenomen. Wellicht komt haar onbekendheid deels voort uit haar mysterieuze aard. Ze is een verborgen godin die de receptieve eigenschappen vertegenwoordigt die we allemaal bezitten: het onbewuste, intuïtie, fijngevoeligheid, onzichtbaarheid en terugtrekking.

Nephthys is een archetype dat veel rollen en gesteldheden vertegenwoordigt. Ze is de vervreemde gade, een vrouw die ervoor kiest haar vernietigende echtgenoot te verlaten en een nieuw leven te beginnen. Ze is de minnares en moeder: ze heeft een verhouding gehad met haar broer Osiris en heeft zijn zoon Anubis gebaard. De belangrijkste rol van Nephthys is misschien wel die van toegewijde zuster. Zij en Isis lijken niet jaloers te zijn op elkaars liefde voor Osiris en Nephthys helpt haar zuster gewillig en rouwt samen met haar. Hun relatie is gebaseerd op zusterliefde, vertrouwen en gemeenschappelijk verlies.

Begrafenisriten

Als begrafenisgodinnen waren Nephthys en Isis bewakers van de graftombe. Ze werden vaak afgebeeld aan het hoofd en de voeten van een lijk, zodat ze voor de overledene konden zorgen en hem op zijn reis konden beschermen. Samen met Isis bood Nephthys de monarch speciale bescherming, huilde om zijn dood en rouwde om hem als om haar verloren broer. Net als Isis is zij soms te zien terwijl ze de koning voedt, die soms het 'menstruatiebloed' van Nephthys werd genoemd.

De Egyptische fascinatie voor het leven na de dood leidde tot ingewikkelde begrafenisriten. Lichamen werden gemummificeerd en geconserveerd om ze in goede staat te houden voor het volgende leven. Als een van de beschermgodinnen die over de gemummificeerde organen van de overledene moesten waken, werd Nephthys ook geassocieerd met de windsels rond het gemummificeerde lichaam, die nodig waren voor de conservering. Die windsels werden echter ook gevreesd als mogelijk obstakel; de koning moest zichzelf bevrijden uit zijn windsels ofwel 'de vlechten van Nephthys'.

NEPHTHYS IN EEN LEZING

Rechtop

Als u deze steen hebt gekozen in een lezing is dit het moment om u terug te trekken om over uw volgende zet na te denken, uw gevoelens op een rijtje te zetten en de energie te hervinden die u nodig hebt voor een nieuwe cyclus van leven en creativiteit. Als u nu uw krachten spaart, zal dat u in de toekomst onmetelijk voordeel opleveren. Deze periode is een geschenk voor iedereen die uithoudingsvermogen wil ontwikkelen en in een verstandig tempo zijn goddelijke doel ten uitvoer wil brengen of gestaag naar zijn levensdoelstellingen toe wil werken.

Misschien wilt u wat tijd voor uzelf om de stroom van emotionele energie in uw leven bij te sturen. Door uw verdriet te erkennen en te uiten, maakt u weer ruimte voor plezier. En door uzelf toe te staan te rouwen, bevrijdt u uzelf van het verleden en maakt u ruimte voor nieuwe ervaringen, relaties en kansen. We onderschatten vaak de macht van het verdriet en haasten ons om een nieuwe partner, een nieuwe baan te vinden. In plaats daarvan zouden we onszelf voldoende kalmte en overpeinzing moeten gunnen om de ene fase rustig af te sluiten en de andere te beginnen. Slechts dan kunnen we er zeker van zijn dat elke nieuwe keus die we maken gebaseerd is op ons beste vermogen en niet op onafgewerkte zaken uit het verleden.

De steen van Nephthys luidt een tijd in van schaduw, waarin we ontvankelijker zijn dan normaal en we onszelf moeten koesteren, in plaats van rond te rennen en voor anderen te zorgen. Nephthys is geen slechte of negatieve leermeesteres; ze is een goede ziel van troost, vrede en kracht die veel vreugde kan brengen als u toegeeft aan de eenzaamheid, rust en terugtrekking die ze biedt. Wanneer we ons terugtrekken uit de wereld, kunnen we onze wonden helen, onze paranormale vaardigheden ontwikkelen, onze creativiteit nieuw leven inblazen en onszelf herontdekken.

Nephthys moedigt ons ook aan onze wedijver achter ons te laten en ons te concentreren op het opbouwen van relaties van wederzijds vertrouwen en harmonie. Er is geen ruimte voor jaloezie. U zult veel profijt hebben van vriendschappen met collega's of met seksegenoten.

Ondersteboven

Ligt deze steen ondersteboven, dan bent u misschien het middelpunt van het verdriet van iemand anders. Misschien mist iemand die veel van u houdt u, of heeft uw recente afwezigheid golfjes van verlies veroorzaakt binnen uw familie, sociale kringetje of werkomgeving. Of misschien stelt uw koesterende, beschermende invloed iemand anders in staat zich terug te trekken uit de wereld en te genieten van een periode van relatieve rust. Uw invloed houdt de goede dingen van een relatie of situatie vast en laat alles wat achterhaald is, wegsterven. Wanneer u verhuist, van baan verandert, een periode van studie afsluit of een project voltooit, is het belangrijk om even de tijd te nemen om orde op zaken te stellen voordat u verdergaat. Uw aanwezigheid maakt het anderen makkelijker het kaf van het koren te scheiden en los te laten wat niet langer hun levensdoel dient. Uw liefde en toewijding helpen hen fysieke, mentale of emotionele factoren te verbannen die anders hun toekomstige mogelijkheden zouden beperken.

Kenmerken

Vertegenwoordigt deze steen een persoon, dan gaan achter diens kalme uiterlijk grote kracht en toewijding schuil. Deze persoon is erg op zichzelf, niet meteen bereid tot een kritische blik of intimiteit, maar altijd liefdevol, charmant, aardig en eervol. Het kan een goede vriend zijn, een toegewijde ouder, broer of zus, een heler of een paranormaal begaafd persoon. Zijn vaardigheid is veeleer ontvankelijkheid, mededogen en intuïtie dan actief vertoon van creativiteit en vastberadenheid. Deze persoon wordt niet gedreven door jaloezie en vertoont geen uitbarstingen van hartstocht, maar hij of zij is op een rustige manier verleidelijk en altijd fascinerend. De eigenschappen van Nephthys passen het beste bij het teken Steenbok in de westerse astrologie.

Meditatie

Sluit uw ogen, adem diep in en ontspan u. Vraag om de bescherming van Nephthys en zie uzelf omringd door een prachtig web van zilveren en groene lichtdraden. Binnen het web hebt u alle ruimte om u vrijelijk te verplaatsen en adem te halen, maar u weet dat u beschermd bent tegen de buitenwereld. Ontspan u, onderzoek uw gevoelens en laad uw accu op. Beëindigt u iets – een relatie, een ervaring of een project – overpeins dan uw gedachten en gevoelens daaromtrent. Neem de tijd om datgene wat u achterlaat te zegenen, uzelf te eren omdat u deze periode in uw leven achter u laat en te rouwen als u daar behoefte aan hebt.

Stel u als afsluiting van de meditatie voor dat u de lichtdraden verlaat als een vlinder zijn cocon. U bent verfrist, vernieuwd en klaar om uw weg te vervolgen naar nieuwe en betere ervaringen.

☥ POSITIEVE GEDACHTEN ☥

Ik vind schoonheid en steun in kalmte.
Mijn leven is vervuld van positief zusterschap (broederschap).
Ik sluit vriendschap met de schaduwzijde van mijn persoonlijkheid.
Ik ben gezegend met het positieve van vreugde en verdriet.
Ik trek me terug om mezelf op te laden en stralend te voorschijn te komen.
Ik sta open voor nieuwe wegen van uitdrukking.
Ik ben intuïtief, meelevend, wijs en sterk.

HORUS

Heer van de lucht

— Visie —

— Majesteit —

— Communicatie —

— Balans —

De god Horus is de zoon van Osiris en Isis. Hij is een visionaire macht: de heer van profetie, muziek, kunst, humor en schoonheid. Horus was een van de meest prominente Oudegyptische goden. Hij was aanvankelijk de god van de jagers en zijn symbool was een valk. Later werd hij geïdentificeerd met de zon en was het symbool van majesteit, archetype van de farao's. Horus, de goddelijke valk, werd de luchtgod met de zon als zijn rechter- en de maan als zijn linkeroog. Hij heeft het alziende oog van helderziendheid, verhoogd inzicht en uitgebreid bewustzijn. Hij beheerste de vier elementen: aarde, lucht, vuur en water. Horus vertegenwoordigt het evenwicht van de natuur en is ook verbonden met de oostelijke horizon en verre landen. Zijn kleur is geel.

De verwekking van Horus

Na de moord op Osiris door Seth zoeken de godinnen Isis en Nephthys het hele land af naar de stukken van Osiris' lichaam, die Seth over diverse plaatsen in Egypte had verspreid. Wanneer de delen weer bijeengebracht zijn, weet Isis Osiris met behulp van haar magie tijdelijk weer tot leven te wekken, zodat ze kunnen copuleren en een zoon kunnen verwekken. Aldus wordt Horus, de wrekende erfgenaam van Osiris en de rechtmatige troonopvolger, verwekt.

Veel verhalen over Horus vermelden dat hij in het geheim is geboren in Kemmis en in de papyrusmoerassen verborgen werd gehouden. Isis verbergt en beschermt hem met haar magie en slinksheid tot hij oud genoeg is om zijn oom Seth uit te dagen.

Horus en het goddelijk koningschap

De ruzie over de heerschappij tussen Horus en Seth is een lange, ingewikkelde zaak die het belang van beide goden in de mythologie en cultuur van het oude Egypte onderstreept.

De zonnegod Re zou vaak het tribunaal hebben aangevoerd en het land aanvankelijk onder hen verdeeld hebben. Seth krijgt het koningschap over Boven-Egypte aangeboden en Horus dat over Beneden-Egypte. Sommige verhalen over het dispuut melden echter dat Re van gedachten verandert en Horus helemaal niets wil geven.

Dan ontstaat een tachtig jaar durende strijd waarin Horus en Seth zich beiden proberen te bewijzen voor het tribunaal en elkaar te slim af proberen te zijn. Diverse malen wordt Horus opnieuw beschermd door de magie van Isis. Met haar hulp verijdelt Horus zelfs een seksuele aanval door zijn oom en maakt deze daarbij te schande.

Horus werd erkend als rechtmatig erfgenaam van de troon van een verenigd Egypte en werd de personificatie van het goddelijk recht van de farao op het koningschap. Hij is ook een van de goden van heerschappij en macht.

Het oog van Horus

Op een bepaald moment in de strijd achtervolgt Seth zijn neef de woestijn in en steekt hem de ogen uit. Horus wordt gevonden door Hathor, die soms ook zijn moeder wordt genoemd. Zij herstelt zijn ogen met behulp van gazellenmelk. Het maanoog of de *udjat* van Horus werd daarna een krachtig symbool voor koningschap, kracht, zuivering en bescherming.

Voor de Egyptenaren was de *udjat* een beschermende totem die vaak aan een halsketting werd gedragen, tussen de windsels van gemummificeerde lichamen werd gelegd en soms op doodskisten werd geschilderd. Later schilderden de Grieken, die sterk werden beïnvloed door de Egyptische cultuur, een soortgelijk oogsymbool op de voorstevens van hun boten om geluk en bescherming over het vaartuig af te roepen.

Het oog van Horus heeft ook nu nog een krachtige invloed. Het duikt op in moderne sieraden, kunst en design. Veel mensen voelen zich ertoe aangetrokken zonder de betekenis ervan te kennen; misschien een eerste bewustwording van hun eigen band met de oude Egyptenaren en hun goden.

HORUS IN EEN LEZING

Rechtop

Als u deze steen hebt gekozen, dan is het tijd om boodschappen van de wereld om u heen en van de wereld in uzelf te ontvangen. Misschien vertellen de schoonheid en wildheid van de natuur u dat u zich bewust moet worden van uw natuurtalenten. Hoe kunt u uw unieke creativiteit tot uiting brengen en uw wilde, ongetemde geest blootleggen? Misschien tintelt uw innerlijke visie vandaag van profetieën die uzelf of anderen aangaan. Kijk uit naar alle berichten die u vandaag ontvangt; sommige kunnen per brief of via een telefoongesprek komen, andere kunnen zich aandienen als beelden die door uw innerlijk oog worden opgevangen.

De steen van Horus luidt een tijd in van balans en nodigt u uit u bewust te worden van een gebied in uw leven dat in evenwicht gebracht moet worden. Besteedt u te veel tijd aan uw werk en houdt u onvoldoende tijd vrij om te zingen, dansen en plezier te maken? Onthoud dat vrije tijd geen tijdverspilling is, maar tijd waarin u uzelf, uw visie, uw enthousiasme, uw doel en uw gevoel van verwondering herschept. Misschien moeten ook uw relaties in balans worden gebracht, zodat u evenveel liefde geeft als ontvangt.

Met het zoeken naar balans herinnert Horus ons aan de waarde van bescherming. Moet u uw creativiteit beschermen, uw visie verdedigen of uw inzichten eren? Moet u opkomen voor wat u rechtmatig toekomt en uw plaats innemen als heerser over uw lot? In combinatie met visie en heldere communicatie bieden eerlijkheid en integriteit vaak de beste bescherming. Erken bovendien uw angsten en doe uw best te geloven dat u altijd en overal veilig zult zijn. Probeer uzelf te zien met een oog van Horus op uw voorhoofd, een op uw hart, een derde aan uw voeten en een vierde op uw rug. Stel u voor dat die beschermende ogen hun invloed uitbreiden om u altijd volledige veiligheid en bescherming te geven.

Ondersteboven

Ligt deze steen ondersteboven, dan bent u een boodschapper voor iemand anders. Misschien wordt u gevraagd een brief te schrijven, een telefoontje te plegen of informatie door te geven waardoor iemand zijn persoonlijke visie en bewustzijn kan uitbreiden. Hoe worden anderen door uw persoonlijke visie tot daden geïnspireerd? Het is een gave om een ziener te zijn voor uw familie, vrienden en collega's en de wereld positiviteit en inzicht te schenken. Behoud echter wel de balans tussen anderen tot daden inspireren en zelf voor hen handelen. Zorg ervoor dat uw visie anderen niet de mogelijkheid ontneemt voor zichzelf te denken en te handelen.

U kunt ook een beschermende invloed uitoefenen op een andere persoon, hem steunen in zijn recht te zijn wie hij wil zijn en hem helpen de door hem gekozen weg te volgen. Wees een gids, bied uw steun en bescherming aan zolang uw invloed de ander helpt te groeien, maar laat hem los wanneer hij zijn vleugels moet spreiden en weg moet vliegen als een valk.

Kenmerken

Vertegenwoordigt deze steen een persoon in uw leven, dan is dat iemand wiens invloed u aanmoedigt tot rust te komen en het grotere geheel van uw leven te zien. Hij is visionair en bezielend en weet anderen gemakkelijk te inspireren. Hij zal waarschijnlijk communicatief, extravert, pienter, humorvol en leuk zijn; en bereid die eigenschappen in uw richting te laten stralen. Hij is iemand die altijd jeugdig, mooi en charismatisch blijft, hoe oud hij ook is. Hij is vaak het middelpunt van de aandacht, of hij dat nu wil of niet. Ondanks zijn jeugdige en visionaire eigenschappen kan hij soms wat naïef of onschuldig zijn. In de westerse astrologie passen de eigenschappen van Horus het beste bij de tekens Tweelingen en Leeuw.

Meditatie

Sluit uw ogen, adem diep in en ontspan u. Richt uw aandacht op het midden van uw voorhoofd, het gebied dat het derde oog wordt genoemd. Stel u voor dat daar een fysiek oog zit en zie hoe u dat oog opendoet.

Zie dat derde oog als mooi, helder van kleur en schitterend. Het ziet met liefde, wijsheid, mededogen en inspiratie. Stel u voor dat u alle informatie 'ziet' die u kan helpen bij uw heling, persoonlijke ontwikkeling of spirituele groei. U kunt daarbij symbolen, vormen, kleuren of bewegende beelden zien.

Het geeft niet als u de eerste keer niets ziet. Het visualiseren van dit oog helpt u uw innerlijke visie te verruimen en zal uw intuïtie doen ontwaken. Sluit de meditatie af door het derde oog te sluiten om uw visie te beschermen. Hebt u inzichten ontvangen, schrijf ze dan op en doe er iets mee.

POSITIEVE GEDACHTEN

Ik vertrouw op mijn innerlijke visie.
Ik ben evenwichtig en harmonieus.
Ik breid mijn creativiteit uit.
Ik draag mijn macht en mijn unieke inzichten uit.
Ik eis de vreugde en het succes op die mij toekomen.
Ik ben altijd veilig en beschermd.
Ik breid mijn bewustzijn uit.

BASTET

Katgodin

— Parfum —

— Reinheid —

— Vreedzaamheid —

— Genegenheid —

De godin Bastet wordt vaak afgebeeld als de in Egypte zeer geliefde kat; een dier dat heilig was voor de Egyptenaren. Eerdere versies maken echter duidelijk dat ze aanvankelijk een leeuwin was met een gemeen, wraakzuchtig karakter. Ze is vaak te zien als een vrouw met een kattenhoofd, soms met jonge poesjes. De hiëroglief van haar naam is het symbool voor een verzegeld albasten parfumkruikje. Parfum zou belangrijk zijn geweest voor het ritueel van reinheid in haar cultus. In sommige tradities zag men Bastet als de dochter van Isis en Osiris en de zuster van Horus. Het belangrijkste centrum van haar cultus was Bubastis in de noordoostelijke delta. Haar kleur is turkoois.

Oorlog en vrede

De katgodin Bastet heeft een agressieve afkomst en wordt afgebeeld als een krijgsleeuwin. Ze wordt vaak in verband gebracht met de leeuwin Sakhmet, een machtige en wilde godin die vuur naar de vijanden van de farao zou spugen. Sommige legenden vertellen dat Bastet in de vorm van een leeuwin een periode in ballingschap doorbracht alvorens naar Egypte terug te keren als een tamme, lieve kat. Als alle katten behield ze echter de agressieve impulsen van het roofdier. Ze wordt soms afgebeeld als dochter van de zonnegod Re, terwijl ze Apophis, de onderwereldslang, onthoofdt.

Bastets transformatie van krijger tot vredestichter duidde misschien op een politieke ommekeer in het oude Egypte, maar kan evengoed samenhangen met de verspreiding van de huiskat tijdens latere dynastieën. Welke sociale of culturele ontwikkelingen ook van invloed waren op haar symboliek en verering, Bastet is een archetype dat het temmen van de wilde, bestiale krachten in de mens vertegenwoordigt. Ze is de personificatie van de beschaving en van de triomf van diplomatie over conflict.

Parfum en reinheid

Bastets cultus kende parfum- en reinheidsrituelen. Mogelijk was ze verbonden met de menstruatie- en vruchtbaarheidscycli. De reiniging en zuivering waarmee haar verering gepaard gaat, staan wellicht voor de reiniging van het lichaam tijdens de maandelijkse cyclus. Verder was de kat een symbool van seksuele beschikbaarheid. Bastets parfum staat dan voor de geur van verleiding.

Bastet was ook een godin van muziek en dans. Net als Hathor, de koeiengodin, werd Bastet geassocieerd met het sistrum, een soort ratel. Wanneer het sistrum ter ere van deze godinnen werd bespeeld, was er op de bovenkant vaak een kat (voor Bastet) of een koe (voor Hathor) in gegraveerd. Zowel Bastet als Hathor waren verbonden met sensualiteit, seksualiteit en vrouwelijke macht. Bastet was een godin van noordelijk Egypte, Hathor werd vooral in het zuiden vereerd.

De cultus van de kat

De kat genoot bij de oude Egyptenaren veel respect en genegenheid. De 'grote kat van Heliopolis' waarvan in het *Dodenboek* melding wordt gemaakt – waarschijnlijk een in de Nijldelta inheemse oerwoudkat – werd vereerd vanwege haar vijandigheid jegens slangen. Katten kregen een rituele begrafenis, waarbij ze werden gemummificeerd, zorgvuldig in windsels werden gewikkeld en een lachend of karaktervol masker kregen. In Bubastis en andere gebieden waar Bastet een belangrijke godin was, zijn grote begraafplaatsen voor huiskatten aangetroffen.

De kat heeft altijd al krachtige gevoelens van genegenheid of afweer opgeroepen. Er worden vaak magische praktijken, spiritueel bewustzijn en grote seksualiteit aan haar toegeschreven. Misschien is het dus niet zo vreemd dat Europese christelijke extremisten in de Middeleeuwen de kat associeerden met duivelverering. De Egyptenaren beschouwden katten echter duidelijk alleen als een positieve invloed in hun leven.

BASTET IN EEN LEZING

Rechtop

Als u deze steen hebt gekozen wordt het tijd vrede te sluiten met uzelf en harmonie na te streven in al uw relaties. Ziet iemand u als vanzelfsprekend of dringt hij uw territorium binnen, dan is het belangrijk dat u uw rechten verdedigt en uw behoeften duidelijk kenbaar maakt. Bedenk echter wel dat niet agressie maar zelfbewustzijn de sleutel is tot succes. Druk u zo duidelijk en eerlijk mogelijk uit zonder daarbij te eisen dat u uw zin krijgt of uzelf te verontschuldigen. Het zal u verbazen hoe eenvoudig onderhandelen is. Een rustige houding gecombineerd met wilskracht leveren vastberadenheid en creatieve oplossingen op. De steen van Bastet kan een tijd inluiden waarin u wat ruimte voor uzelf moet opeisen. Als u toegeeft aan de behoefte alleen te zijn, worden de momenten die u doorbrengt met geliefden, familie en vrienden vrediger, harmonieuzer en uiteindelijk plezieriger.

Bastet is een godin van reinheid wier invloed ons aanmoedigt onszelf te ontdoen van alles wat niet langer ons geluk en onze gezondheid dient. Welke relaties bent u ontgroeid? Welke gewoonten hebben hun nut verloren? Moet u oude, negatieve verwachtingen of overtuigingen loslaten? Kan uw voeding wat eenvoudiger of evenwichtiger, zodat uw lichaam vergiften veilig kan uitscheiden en het natuurlijke ritme kan hervinden? Een veilige en zachte reiniging nu zal u in de nabije en verre toekomst veel voordeel opleveren.

Bastet staat ook voor parfum en riten. Is uw levensritme verwarrend, dan is het belangrijk dat u uzelf de tijd gunt voor dingen die stabiliserend werken. Misschien helpen regelmatige meditaties of hazenslaapjes, een dagelijkse wandeling of elke ochtend en avond een paar minuten voor uzelf om alleen te zijn met uw gedachten. Verwennen is ideaal: laat u masseren, maak een paar afspraken met een heler of therapeut en neem langdurige baden met geurende, essentiële oliën. Uw reukzintuig is nu erg belangrijk, dus houd uw omgeving schoon en fris. Een verandering van klimaat zal u goed doen.

Ondersteboven

Ligt deze steen ondersteboven, dan kan uw invloed anderen stimuleren zichzelf onder handen te nemen. Uw liefde en genegenheid schenkt hun de veiligheid om negatieve of vernietigende gewoonten te vervangen door positieve, die hun gezondheid en harmonie ten goede komen. U hoeft uw filosofie niet te prediken of anderen verandering op te dringen; in tegendeel zelfs. Uw positieve voorbeeld is de krachtigste katalysator voor verandering. Hou van de mensen en accepteer ze, blijf u op uw eigen welzijn richten; dan zullen de mensen om u heen ook positieve veranderingen nastreven.

De zoete geur van uw persoonlijkheid bekoort andere mensen en u kunt zowel door slinksheid als door directe communicatie invloed uitoefenen. Misschien doordat u nu erg op uzelf bent en niet bewust de aandacht of goedkeuring van anderen zoekt, vindt u genegenheid, kansen en succes in overvloed. U kunt het u veroorloven kieskeurig te zijn. Biedt iemand u iets aan dat u niet wilt, toon dan uw erkentelijkheid, maar weet dat u kunt weigeren. Een beleefd 'nee' maakt het u mogelijk enthousiast 'ja' te zeggen wanneer het moment en het geschenk wel juist zijn.

Kenmerken

Vertegenwoordigt deze steen een persoon, dan is die liefdevol en zorgzaam, maar ook vrij gereserveerd. Hij is onafhankelijk, waarschijnlijk aantrekkelijk en boeiend. Zijn charisma is eerder gebaseerd op natuurlijke innerlijke schoonheid dan op een betoverende buitenkant.

Deze persoon kan zich zeer verleidelijk en lief gedragen; zijn invloed is subtiel, maar het effect daarvan is groot. Ondanks zijn slinksheid stelt hij duidelijke grenzen en kan hij zich heel exact en direct uitdrukken. Die eigenschappen passen het best bij de tekens Maagd en Weegschaal in de westerse astrologie.

Meditatie

Sluit uw ogen, adem diep in en ontspan u. Stel u voor dat u zich uitkleedt en in een warm bad met magische geurende oliën stapt die u ontspannen en een gevoel van vrede en welzijn brengen. De zoete geuren helen u met elke ademteug en wijzigen uw stemming, brengen u tot een versterkt bewustzijn en een verhoogde sensualiteit. Stel u ook voor dat de oliën u reinigen van gif, angsten, ziekte of disharmonie. Al uw negatieve gevoelens en bittere gedachten lossen spoorloos op in het geurige water.

Als u klaar bent, stapt u uit het bad en laat het water weglopen, samen met alle negativiteit en disharmonie. Zie hoe u uw lichaam insmeert met nog meer geurende oliën die uw natuurlijke schoonheid versterken en u een aura van kracht, zelfrespect en bescherming geven. Besluit de visualisatie door te zien hoe u zich in prachtige nieuwe kleren kleedt.

POSITIEVE GEDACHTEN

Ik sluit vrede met mezelf.
Mijn intentie is zuiver en mijn doelstelling helder.
Ik erken mijn eigen schoonheid.
Ik leef in harmonie met de aarde.
Mijn territorium is heilig, mijn ruimte wordt geëerd en gerespecteerd.
Ik word geleid door mijn hogere zelf.
Ik heb duidelijke grenzen.

ANUBIS

Heer van het hiernamaals

— Genezing —

— Leiding —

— Lichtheid van geest —

— Bescherming —

Anubis wordt meestal afgebeeld als een zittende jakhals, hoewel we hem ook wel zien als een man met een hondenkop of een jakhalskop. Zijn vacht is zwart, de kleur van dood en vruchtbaarheid. Volgens sommige verhalen zou hij de zoon zijn van Nephthys, die hem baarde na een verhouding met Osiris, de man van haar zuster Isis. Isis zou Anubis vervolgens als haar eigen zoon hebben geadopteerd. De bijzondere helende vermogens van Anubis maken hem tot de redder die bewusteloze en verdoofde mensen helpt en de blinden leidt. Hij beschermt ieder die niet kan zien, hetzij door fysieke beschadiging, onschuld of gebrek aan wereldse kennis. Hij biedt reizigers veiligheid en leiding en brengt degenen die lijden genezing. Zijn kleur is terracotta.

Anubis de bewaker

Anubis was de bewaker van de doden en de balseming. Hij beschermde gemummificeerde lichamen tegen kwade machten en leidde de ziel. De lichamen van koningen werden gebalsemd in naam van Anubis en tijdens sommige ceremonies droeg de hogepriester een jakhalsmasker en gedroeg hij zich als de vertegenwoordiger van de god. Anubis zou het lichaam reinigen met zalven en het insmeren met oliën alvorens het in linnen te wikkelen en de grafkamer te bewaken. Zijn beeltenis staat op de wanden van graftombes en op doodskisten.

Hoewel hij met de dood en sterven wordt geassocieerd, is Anubis een goedaardige god. De Egyptenaren die over hun eigen fysieke sterfelijkheid nadachten, en de vrienden en familieleden van een recentelijk overleden persoon die met hun verdriet leerden omgaan, putten troost uit het geloof in een hiernamaals. Tijdens het leven helpt Anubis ons met onze zoektocht naar ons innerlijke zelf en brengt hij de werelden van het bewuste en het onbewuste samen. Zijn invloed is barmhartig, geduldig, stabiel, betrouwbaar en sterk. Deze magische god is ook een goddelijke clown, die met humor de zwaarmoedigheid rond het hart doorbreekt en die ernst verandert in de helende klanken van de lach.

De zaal van het gerecht

Anubis zou over bijzondere helende vermogens beschikken. Hij was er verantwoordelijk voor dat de geest naar de zaal van het gerecht werd geleid en dat het hart van de overledene werd gewogen in aanwezigheid van Osiris en tweeënveertig goden. Men dacht dat hij het hart opeiste en de weegschaal instelde om de integriteit accuraat vast te stellen. Daarna zou hij de dode koning bevrijden van zijn sterfelijke beperkingen opdat hij zijn plaats onder de goden kon innemen. Wie een eerlijk hart bezat, werd door Anubis naar zijn rechtmatige positie bij de troon van Osiris geleid.

Het geloof in de onsterfelijkheid van een stervende koning hielp wellicht een zekere mate van politieke stabiliteit te bewaren vlak voor en na de dood van de farao. Het vertrouwen in een gids en beschermer die voor de doden zorgde, schiep waarschijnlijk een sfeer van genade, vrede en stabiliteit.

Woestijnhonden

In veel culturen wordt de hond gezien als een trouw dier, een bewaker en beschermer. Honden zijn van oorsprong roedeldieren met een sterk besef van hun rol binnen de troep. Ze zijn vrij eenvoudig te temmen en brengen hun roedeltrouw dan over op de menselijke familie. Wat dat betreft wijken ze niet zo sterk af van de pre-industriële mens die afhankelijk was van een clan of groep en voor wie een zekere mate van persoonlijke trouw van levensbelang was.

Het personage van Anubis was waarschijnlijk gebaseerd op de woestijnjakhals. Hij zou een leider zijn voor de vele zielen die op de westelijke Nijloever begraven waren. Was er een betere bewaker voor de begraafplaatsen dan een goddelijke jakhals die de ongewenste attenties van sterfelijke woestijnhonden kon afweren?

ANUBIS IN EEN LEZING

Rechtop

Als u deze steen hebt gekozen, wordt u naar de diepten van uw geest geleid en geadviseerd op uw intuïtie af te gaan. Oplossingen kunnen tot u komen via droombeelden in uw slaap of via symbolen die in uw wakende geest blijven hangen. Tijdens meditatie kunt u inzichten ontvangen die uw persoonlijke illusies verpletteren en u bevrijden van uw negatieve verwachtingen, extreme ernst of zelfmisleiding. Anubis biedt u veiligheid tijdens het stervensproces van een aspect van uw leven dat u ontgroeid bent. Wellicht is het tijd om alle zelfopgelegde beperkingen los te laten en uzelf te zien als de groeiende, sterke persoon die u werkelijk bent, met een oneindig vermogen uzelf te helen en uw leven te veranderen.

Anubis luidt altijd genezing in. Deze steen kan duiden op het succes van medische of complementaire behandelingen en moedigt u aan hulp en steun te zoeken bij alles wat u dwarszit. Hij geeft ook aan dat het vermogen om uzelf te helen binnen handbereik is; vooral als u bereid bent naar zelfopgelegde disharmonie, stress of spanning te kijken en uw levensstijl of houding aan te passen.

De bescherming van Anubis is belangrijk als u nadenkt over een operatie of een andere ingrijpende medische behandeling, vooral wanneer daar verdoving aan te pas komt. Vraag Anubis eerst u te helpen andere mogelijkheden te onderzoeken. Is de operatie noodzakelijk voor uw gezondheid of zou een andere aanpak beter zijn? Doe zo veel mogelijk onderzoek en wees niet bang om vragen te stellen aan artsen, verpleegkundigen en alternatieve therapeuten. Besluit u dat een operatie de juiste keuze is, vraag Anubis dan in gedachten u veilig uit uw lichaam te leiden wanneer u onder narcose bent en u na de operatie ook veilig weer terug te leiden. Roep een beeld op van Anubis die uw geest, lichaam en ziel beschermt tijdens de diverse stadia van de behandeling.

Ondersteboven

Ligt deze steen ondersteboven, dan bezoekt u mogelijk de dromen van anderen om genezing, geruststelling of steun diep in hun ziel te leggen. U steunt misschien bewust of onbewust het genezingsproces door hen de weg naar de macht en het vermogen tot zelfheling te wijzen. Het is ook mogelijk dat u iemand helpt een relatie te beëindigen zodat die zijn weg kan vervolgen naar iets beters. Onthoud dat u, door alles los te laten wat niet meer nodig is, ruimte maakt voor licht, bevrijding en nieuw leven.

Het is ook mogelijk dat u een leerproces doormaakt. Dit is de perfecte tijd om nieuwe vaardigheden te leren die zullen bijdragen tot de genezing of ontwikkeling van de mensheid. Misschien wilt u iets leren op het gebied van geneeskunde, maatschappelijk werk, kruidengeneeskunde, spirituele heling of een van de vele geneeswijzen. Een formele opleiding is niet nodig: het leven zelf scherpt wellicht uw helende vermogens aan door schijnbaar toevallige ontmoetingen met gelijkgestemde zielen, ervaringen die u in het stof doen bijten of u uitdagen uw slapende helende gaven te wekken en door informatie via boeken, audiobandjes of uw eigen innerlijke stem. Vast staat dat uw intuïtieve of paranormale vaardigheden groeien en ook die hebt u gekregen om mensen te helen.

Kenmerken

Vertegenwoordigt deze steen een persoon, dan is dat iemand die u humor, geruststelling en plezier brengt. Achter zijn luchthartigheid gaan grote kracht en doelbewustheid schuil. De persoon kan paranormaal begaafd, bovennatuurlijk, mysterieus en hervormend zijn en u aanvaarding of een luisterend oor schenken. Hij mag dan een jeugdig voorkomen hebben, maar hij is een oude ziel vol wijsheid en een scherp bewustzijn. De eigenschappen van Anubis passen het beste bij het teken Vissen in de westerse astrologie.

Meditatie

Sluit uw ogen, adem diep in en ontspan u. Stel u een helder, helend licht voor dat op uw hart schijnt en geruststelling, liefde, aanvaarding en vrede brengt.

Het licht heeft een prachtige gouden kleur. Het doet alle spanning in uw hart en borst wegsmelten. Zie hoe alle zwaarte, bedroefdheid, pijn, beperking en ernst van u afglijden en u luchthartig en vreugdevol achterlaten.

Zie hoe uw hart zijn eigen licht ontwikkelt alsof een innerlijke vlam weer aangewakkerd is. Laat het licht van uw hart zich verspreiden door uw hele lichaam. Stel u voor hoe u vervuld wordt van helderheid en verbazing; hoe uw lichaam, geest, emoties en ziel worden geheeld door uw stralende hart. Zie met name hoe het licht zich verspreid naar uw voeten en uw ogen, zodat de weg die voor u ligt door liefde wordt verlicht.

U kunt nu veel scherper zien terwijl u de onbekende avonturen in uw leven tegemoet gaat.

POSITIEVE GEDACHTEN

Mijn hart is licht en vrij.
Ik ontvang de perfecte zorg voor mijn gezondheid.
Ik word altijd naar veiligheid geleid.
Mijn leven is vervuld van gelach en oneindige wijsheid.
Ik laat mijn illusies varen en mijn begrip verdiept zich.
Ik heb het vermogen mezelf te helen.
Ik luister naar mijn intuïtie.

HATHOR

Moeder van de farao

— Lotsbestemming —

— Liefde —

— Geboorterecht —

— Muziek —

De godin Hathor is een universele koeiengodin, geassocieerd met geboorte. Haar baarmoeder zou de havikgod Horus hebben beschermd en haar naam betekent letterlijk 'Tempel van Horus'. Ze wordt vaak afgebeeld als een vrouw met een pruik, een kroon van koeienhorens en een zonneschijf op haar hoofd. Ze is ook wel te zien als een 'grote wilde koe' of als een pilaar met een menselijk gezicht, een pruik en koeienoren. Net als Isis wordt ze soms de moeder van de farao genoemd en ze wordt dan ook geassocieerd met geboorterecht en het recht te heersen. Hathor is een sensuele godin van de liefde, muziek en schoonheid. De Grieken associeerden haar met Aphrodite, hun liefdesgodin. Hathors kleuren zijn diepe oranje, roze en perzikkleurige tinten: de kleuren van vitaliteit.

Hathor de moeder

In het oude Egypte was de koe een positief symbool van vrouwelijke macht en moederlijke kracht; een beeld dat nogal afwijkt van het huidige westerse idee over dit dier. De koeiensymboliek van Hathor verraadt het overwegend goedaardige karakter van deze godin; ze staat voor sensualiteit, koestering en moederschap. In sommige verhalen is zíj, en niet Isis, de moeder van Horus en het is mogelijk dat haar band met Horus van voor de tijd van de Osiris-mythen stamt, waarin Isis een centrale rol speelt. Hathor is ook een luchtgodin en zou in die rol de havikgod Horus hebben beschermd in haar baarmoeder. Zij is de woning of het 'kasteel' van Horus.

Vanwege haar moederband met Horus wordt Hathor vaak beschreven als de moeder van de farao. Evenals Isis en andere goden en godinnen van het Egyptische pantheon werd zij geassocieerd met het geboorterecht en de lotsbestemming van de Egyptische heerser. Ze wordt vaak afgebeeld als een koe die de farao zoogt.

Godin van liefde en muziek

Hathor is een seksuele godin die verbonden is met romantische liefde, de genoegens van het leven en de sensuele kunsten. Ze wordt geassocieerd met muziek, zang en dans en veel erotische dansen waren aan haar opgedragen; haar muziekinstrument was het sistrum. Hathors invloed is er een van feestelijkheid en verleiding. Ze is verbonden met make-up, juwelen, versiering en sensuele kookkunst.

Hathor had ook een krijgersnatuur, die gewoonlijk werd aangewend ter verdediging van iemand die ze koesterde of liefhad. Net als Bastet werd ze soms geassocieerd met de vuurspuwende leeuwin-godin Sakhmet en werd ze soms afgebeeld als leeuwin in plaats van als koe. Ze verdedigt Horus heel vindingrijk in zijn strijd met Seth, hoewel ze in die verhalen eerder gebruik maakt van slinksheid en seksualiteit dan van haar krijgersaard. Eén keer loste Hathor een moeilijke situatie op door haar jurk omhoog te trekken en zichzelf te tonen aan haar vader Re, die het tribunaal leidde. Ze brengt hem daarmee aan het lachen en verdrijft zijn boze bui, zodat het proces voortgezet kan worden.

Hathor, 'meesteres van de zuidelijke sycomoor' (een verwijzing naar haar oude boomcultus) is ook een begrafenisgodin. In die rol biedt ze eenieder die door de onderwereld reist een veilige doortocht. Ze biedt hun de bescherming van haar overkleed, de *tjesten*. De papyrus was heilig voor Hathor en het voornaamste centrum van haar cultus was Dendera (*zie kaart op blz. 8*).

De zeven Hathors

De zeven Hathors waren zoiets als de goede feeën uit de Europese folklore. Het was hun taak het lot van een pasgeborene te schetsen en zijn levensweg of de spirituele lessen die hem wachtten, te bepalen. Net als Hathor zelf werden ze afgebeeld als koeien en kwam hun beeltenis voor in tempels en in het *Dodenboek*. Ze verkondigen de komst van grote zielen en oefenen een goddelijke invloed uit op ons aller lotsbestemming.

HATHOR IN EEN LEZING

Rechtop

Als u deze steen hebt gekozen, dan is het tijd om te zingen, te dansen en van het leven te genieten. Hoe kunt u ontspannen en meer spelen, genieten van de sensualiteit van uw eigen lichaam en de extase van uw ware zelf? De wereld is vol schoonheid die ons kan inspireren onszelf te helen als we dat toestaan en ons in contact kan brengen met onze passie en vreugde. Als we naar de schoonheid binnenin alles kijken, stijgen we boven het gewone uit en maken contact met het goddelijke. Vaak houden we ons in, bang om toe te geven aan onze impulsen, maar met Hathors leiding kunnen we ons laten beroeren door onze sensualiteit en ons leven ten goede laten veranderen.

De steen van Hathor luidt een tijd van herstel in. Gevoelens, ervaringen of relaties die u dacht te zijn kwijtgeraakt of die u was vergeten, komen weer naar boven. Dacht u nou echt dat de vreugde uit uw leven was verdwenen of dat het geluk aan u voorbij was gegaan? Er wacht u een overdaad aan heerlijke gevoelens als u positief blijft en u openstelt voor de geschenken die het leven te bieden heeft. Als u dacht dat u nooit meer zou liefhebben, is dit het moment om uw ogen te openen en te erkennen dat de liefde nog altijd beschikbaar is. Het is aan u om uw kijk op de wereld te veranderen en uw hart open te stellen; het vermogen om liefde te geven en te ontvangen is sterker dan ooit.

Misschien herinnert Hathor u er ook aan dat uw lot u inhaalt. Er vinden positieve veranderingen plaats terwijl uw levenstempo toe- of afneemt. We hebben vaak geleerd verandering te vrezen en het ergste te verwachten van nieuwe ervaringen, maar de realiteit is zo anders. De muziek van het leven nodigt u uit te dansen. Wees creatief en sensueel, verwacht het beste en sta uzelf de vreugde van het leven toe. Er wacht u een fantastisch lot.

Ondersteboven

Als deze steen ondersteboven ligt, bent u misschien het voorwerp van iemands verlangen. Het licht van uw schoonheid straalt vanuit uw binnenste en raakt de harten van de mensen om u heen. Uw invloed is duidelijk inspirerend en helend en door uw voorbeeld moedigt u anderen aan elk moment van het leven ten volle te genieten. Misschien vormt uw creativiteit voor anderen een impuls om zich hun ware gevoelens te herinneren, hun passie te wekken en weer op één lijn te komen met hun lotsbestemming.

Dat Hathor ondersteboven ligt, kan ook de boodschap inhouden dat de enige weg voorwaarts die van de liefde is. Bent u boos, gekwetst of bang en is uw eerste reactie u terug te trekken, haal dan eens diep adem en doe het tegengestelde, ga dichter naar de mensen toe en wees zo lief mogelijk voor uzelf en anderen. Wees eerlijk over uw gevoelens; uit en toon uw liefdevolle bedoelingen.

Het is nu vooral belangrijk om uw familie

te vertellen dat u van hen houdt; vertel het ook uw vrienden en, als u een romantische relatie hebt, uw geliefde of levenspartner. Het belangrijkste is wel, uzelf te vertellen hoe beminnelijk en speciaal u bent. We kunnen onze liefde gemakkelijker met anderen delen als we hebben geleerd onszelf te beminnen, te verzorgen en te koesteren.

Kenmerken

Vertegenwoordigt deze steen een persoon in uw leven, dan is dat iemand wiens zorg en medeleven u inspireren op te fleuren en door te gaan met leven. Er valt plezier te beleven en deze persoon weet dat te vinden. Hij heeft ook talent om anderen ertoe te brengen plezier te maken. Het kan iemand zijn die ervan houdt zich op te doffen en de bloemetjes buiten te zetten, of iemand die geniet van de sensualiteit van de natuur, vooral de kleuren, geluiden en geuren van het bos. Deze mensen worden door anderen vaak bemind en gewaardeerd. In de westerse astrologie passen de eigenschappen van Hathor het beste bij het teken Stier.

Meditatie

Sluit uw ogen, adem diep in en ontspan u. Visualiseer hoe u in een prachtige gouden lijst gevatte levensgrote spiegel kijkt en uw hele lichaam ziet.

Stel u een diep-oranje licht voor dat zich vanuit uw maagstreek over uw hele lichaam verspreidt. Het licht maakt u magnetisch voor leuke, liefdevolle ervaringen, geeft uw fysieke vitaliteit een oppepper en stimuleert uw hartstochtelijke aard.

Zie hoe uw spiegelbeeld voor uw ogen begint te dansen; uw lichaam is vrij, beweeglijk, sensueel en kerngezond. Ziekte of disharmonie worden door de beweging uitgebannen en het getroffen gebied wordt meteen genezen door het licht.

Zie, terwijl uw spiegelbeeld danst, hoe het licht zich in spiralen vanuit uw lichaam verspreidt. U straalt een onuitputtelijke voorraad positieve energie uit die u beschermt; u hebt een aanstekelijke liefde voor het leven die u onweerstaanbaar maakt voor mensen, plaatsen en situaties die uw opperste groei en mogelijkheden weerspiegelen.

♡ POSITIEVE GEDACHTEN ♡

Ik onderzoek mijn seksualiteit met vreugde en plezier.
Ik zing, dans en geniet van het leven.
Ik wek de sensuele kracht van mijn lichaam.
Mijn leven is vol mogelijkheden om liefde te geven en te ontvangen.
Ik reis naar mijn lotsbestemming en mijn grootste vreugde.
Mijn liefde voor het leven wordt voortdurend hernieuwd.
Ik koester mijn vrolijke aard.

AMUN

Heer van verborgenheid

— Onzichtbaarheid —

— Oppergezag —

— Openbaring —

— Kracht —

De god Amun is oppermachtig in het Egyptische pantheon; zijn invloed begon in de oertijd en strekte zich uit tot in het Nieuwe Rijk, toen zijn goddelijkheid werd versterkt doordat men hem als een mysterieuze openbaring van de oude zonnegod Re beschouwde. Hij wordt soms afgebeeld op een troon als een farao en met een kroon van lange veren op. In Thebe werd hij gezien als de voorvader van alle andere goden en godinnen. Men meende dat Amun onzichtbaar was voor sterfelijke wezens; de naam 'Amun' betekent 'hij die zich verbergt'. De hiëroglief voor zijn naam wordt fonetisch geschreven en bevat de symbolen voor een speelbord (Mn) en water (N). Amuns vlees is het blauw van lapis lazuli, een kostbaar gesteente dat een god waardig is.

De herkomst van Amun

Als god van Thebe kan Amun zowel een plaatselijke godheid als een geadopteerde vreemde god zijn geweest. Zijn cultus breidde zich in elk geval uit en in het Nieuwe Rijk werd hij de oppergod van het Egyptische pantheon. In Heliopolis beschouwde men hem als het mysterieuze gezicht van de zonnegod Re. De twee goden werden samengevoegd onder de naam Amun-Re.

De Thebanen meenden dat Amun, voor de vorming van materie en de komst van alle andere goden, zichzelf op mysterieuze wijze had geschapen. Hij was de scheppingsvonk waaraan alle andere godheden en al het leven ontsprongen. Hij komt in zekere zin overeen met de universele God de Vader van het jodendom en het christendom, en had wellicht dezelfde geografische herkomst. Zijn gezichtloosheid en mysterieuze aard doen echter ook denken aan het grote mysterie dat centraal staat in het geloof van veel oorspronkelijke bewoners van Amerika. Kortom, hij is een god die vele universele waarheden van de schepping belichaamt.

Amun de magiër

Hoewel Amun onzichtbaar is voor de sterfelijken, werd hij geassocieerd met het zien en werd hij aangeroepen om de ogen te genezen. Men gebruikte bezweringen in naam van Amun om oogverwondingen te voorkomen en diverse ziekten te genezen. Hij was een magiër die kon worden aangeroepen om schorpioenbeten te genezen, te beschermen tegen krokodillen en slangen en de lichamen van de doden te behoeden.

God van het volk

Amun stond bekend als een god die pleitte voor de rechten en behoeften van de gewone Egyptenaar. Hij steunde de principes van gerechtigheid en beschermde de rechten van de armen in de rechtbanken. Hij werd gezien als een god van mededogen, niet omkoopbaar en tegen elke vorm van corruptie. Zijn mededogen strekte zich uit tot arbeiders en reizigers die bescherming zochten op lange reizen. Amun was echter ook een god van koningen. Hij werd vaak als de vader van de koning beschouwd. Sinds het Middenrijk droegen farao's soms namen waarin die van de god waren opgenomen. Een voorbeeld is Toetanchamon (Tut-Ankh-Amun).

In Thebe stond Amun aan het hoofd van een goddelijke triade. Triades van goddelijke patriarch en matriarch en goddelijk kind waren in diverse cultuscentra in de hele Oudegyptische wereld populair (*zie blz. 9-10*).

De Thebaanse triade, Amun en zijn gade Mut en hun geadopteerde kind Khonsu, kende een zeer sterke cultus. Er is weinig bekend over Mut. Haar naam betekent 'moeder' en wellicht belichaamde ze de goddelijke moederlijke eigenschappen die ook bekendere godinnen vertegenwoordigden. Mogelijk is de informatie over haar verloren gegaan of vernietigd, maar het kan ook zijn dat ze de mysterieuze aard van haar beroemdere echtgenoot weerspiegelde. Net als Sakhmet in het noorden werd ze soms afgebeeld met de kop van een leeuw; in haar andere vorm was ze een vrouw met een gierenhoofddeksel.

AMUN IN EEN LEZING

Rechtop

Hebt u deze steen gekozen, wees dan voorbereid op mysterieuze krachten in uw leven. Er veranderen dingen in uw omgeving die uw begrip te boven lijken te gaan en waarop u geen invloed lijkt te hebben. Probeert u zich tegen die veranderingen te verzetten of ze uw wil op te leggen, dan zal dat slechts leiden tot een beperking van de kansen en gaven die uw richting uit komen. Heb vertrouwen in uzelf en uw leven en geef u over aan de stroom van het universum. De gebeurtenissen die zich nu aandienen passen in een groter geheel, maar dat is voor u nog niet zichtbaar.

De steen van Amun luidt vaak een tijd in waarin u meer invloed uitoefent op afstand en door reputatie dan door rechtstreeks, persoonlijk contact. In zaken kunt u beter dingen regelen vanachter de schermen en taken delegeren naar collega's of jongere werknemers dan zelf alles onder handen te nemen. Dit zou een tijd kunnen zijn voor promotie of grotere persoonlijke macht. Verzeker u van succes door eens goed na te denken over uw aanpak voor u tot handelen overgaat. Ook bij familie en vrienden lijkt u wellicht nieuwe macht te verwerven, zelfverzekerder en volwassener te worden en meer respect te verwerven. Let wel op dat u die nieuwe positie niet verspeelt door te veel voor iedereen te willen doen. Trek u liever terug en versterk uw energie. Er valt zowel persoonlijk als zakelijk veel te bereiken als u wijsheid en terughoudendheid betracht.

Spiritueel groeit u zowel in kracht als in bewustzijn. Het komt u niet langer ten goede een beperkt beeld van uzelf en uw vaardigheden te hebben. Uw groei en ontwikkeling lijken wellicht niet altijd tastbaar of zichtbaar, maar u ontwikkelt u niettemin. U bezit de kracht om de harmonie, de vervulling en het geluk te scheppen die u in uw leven wenst. Maak uw dromen waar en laat u leiden door het mysterie van het universum.

Ondersteboven

Ligt deze steen ondersteboven, dan zult u wellicht de rechten van anderen verdedigen. Misschien zoekt u gerechtigheid voor iemand die niet in staat is voor zichzelf op te komen of stelt u de behoeften van de familie of gemeenschap boven uw eigen ambities en verlangens. U bevindt u in een ideale positie om kansen te scheppen voor anderen, hun persoonlijke ontwikkeling te stimuleren, hun zelfachting te versterken en hen misschien zelfs te helpen met hun carrière. U zult weldra merken dat de beste formule voor uw eigen succes is, anderen helpen om te winnen.

Op dit moment moet u misschien achter de schermen werken of een geheimzinnige weldoener zijn, maar op de lange duur zullen uw diensten aan anderen beloond worden. Misschien kunt u uzelf het beste zien als een beschermengel en erop vertrouwen dat een engelengeschenk nooit onopgemerkt blijft of verloren gaat. Als u vandaag de beschermengel bent, zal iemand anders morgen misschien als uw beschermengel optreden. Geven en krijgen is even plezierig; maak van allebei het beste en bedenk dat uw invloed voor alle betrokkenen magische en mysterieuze veranderingen meebrengt.

Kenmerken

Vertegenwoordigt deze steen een persoon in uw leven, dan oefent die een grote invloed op u uit. Hij zal misschien nauw bij uw leven en uw lot betrokken raken en toch raadselachtig en mysterieus blijven. Hij zal waarschijnlijk veel meer over u weten dan u ooit over hem te weten zult komen.

In sommige gevallen kan deze steen meer dan één persoon vertegenwoordigen. Dat kan een comité zijn of enkele gezaghebbende figuren wier beslissingen uw leven zullen veranderen: gewoonlijk ten goede. In de westerse astrologie passen de eigenschappen van Amun het beste bij de tekens Ram en Boogschutter.

Meditatie

Sluit uw ogen, adem diep in en ontspan u. Zie hoe u een mantel van onzichtbaarheid aantrekt. De stof is zacht op uw huid, warm, beschermend en magisch. Visualiseer hoe u de mantel omslaat en de plooien tot over uw voeten vallen en uw hele lichaam bedekken. Stel u voor dat u onzichtbaar wordt wanneer u de kap opzet en uw handen in de mouwen steekt.

Door de mantel van onzichtbaarheid trekt u positieve, liefdevolle aandacht, harmonieuze relaties, positieve ervaringen en een gevoel van welbehagen aan. Hij houdt u verre van alle negatieve of ongewenste aandacht en helpt u de ervaringen te ontwijken die niet uw opperste helende vaardigheden dienen. Stel u voor dat u een kamer vol mensen binnenloopt en alleen zichtbaar bent voor degenen die eerbare bedoelingen hebben. In uw mantel van onzichtbaarheid groeien uw kracht, balans en geluk.

POSITIEVE GEDACHTEN

Ik geef me over aan het goddelijke.
Mijn leven ontwikkelt zich op nieuwe en onverwachte manieren.
Ik ben bereid te vertrouwen op het proces van het leven.
Ik geniet van de geheimzinnigheid van elk nieuw moment.
Ik ben gezegend met oneindige mogelijkheden.
Ik steun de groei en ontwikkeling van andere mensen.
Ik ben een engel voor mezelf en anderen.

RE

God van de zon

— Reizen —

— Cycli —

— Verlichting —

— Schepping —

Re is de zonnegod van Heliopolis wiens andere vormen Atum en Khepri omvatten. Meestal wordt Re afgebeeld als een valk die de zonneschijf op zijn hoofd draagt. Wanneer hij in de onderwereld wordt afgebeeld, heeft hij de vorm van een god met ramskop of een oude man. De zon die langs de hemel trekt werd gezien als het lichaam van de zonnegod, soms als zijn oog. Als de gecombineerde god Amun-Re is hij een scheppende god met vele levengevende eigenschappen. Soms wordt hij 'de huiler' genoemd, omdat hij de mensheid zou hebben geschapen uit zijn tranen. Hij beval ook de cyclus van drie seizoenen waaruit het Egyptische jaar bestaat. De kleur van Re is het goud van de zon.

De omloop van de zon

Re is de zonnegod van Heliopolis, stad van de zon. Zijn cultuscentrum lag in een deel van de stad dat Yunu heette. De naam van de god was ook de naam die de Egyptenaren aan de zon zelf gaven.

In de Egyptische geschiedenis werden veel belangrijke goden met elkaar gecombineerd of geassocieerd. Dit kwam ten dele door de opkomst en ondergang van diverse cultcentra en de daaropvolgende rationalisering van de populaire mythologie.

Als machtige god werd Re met veel andere goden geassocieerd. Hij werd vooral gezien als een latere incarnatie van de schepper-god Atum, overgrootvader van Isis en Osiris.

De scarabeegod Khepri werd gezien als het gezicht van de zonnegod in de ochtend, de zonneschijf van Re was zijn vorm in de middag en de ramskop van Atum of Khnum was zijn avondgezicht. Een andere krachtige associatie was die met Amun, hoogste god van Thebe. Als Amun-Re werden zij samen een van de meest vooraanstaande godheden van de Oudegyptische wereld.

Later verbeeldde men de zonnecyclus als het kind Re in de ochtend, geboren uit een lotusbloem, als een aap die 's middags lichtstralen uitzendt en uiteindelijk als een oude man in de avond.

Re de schepper

Re's associatie met zowel Atum als Amun benadrukte zijn rol als scheppende god. Hij zou aan het begin van de tijd zijn opgerezen uit de oerwateren, staand op de heilige heuvel *Benben*. De Egyptenaren stelden zich voor dat Re de mensheid had geschapen uit zijn tranen die ter aarde vielen. Aan hem werd ook de schepping van het intellect en de hogere rede toegeschreven. Hij zou zich in zijn fallus hebben gesneden, misschien in een daad van besnijdenis, waarbij de bloeddruppels *Hu* (gezag) en *Sia* (de geest) zouden zijn geweest. *Sia* vertegenwoordigde mogelijk zowel de intuïtieve eigenschappen van de geest als de macht van het intellect.

De reis van Re

De Egyptenaren vergeleken de hemel met een watervlakte en stelden zich voor dat de hemellichamen zich verplaatsten in barken die leken op de boten die ze zelf gebruikten om over de Nijl te reizen.

Ze waren gefascineerd door de baan van de zon en stelden zich voor dat de zonnegod in een zonnebark langs de hemel trok. 's Nachts zou Re in een andere boot door de onderwereld reizen en daarbij elke grot die hij passeerde verlichten. De zonnebark zou zijn gemaakt van glimmend goud en in het Oude Rijk werd Re wel de 'grote rietdrijver' genoemd. Er werden modellen van zonnebarken in graftombes geplaatst, opdat de overledene kon deelnemen aan de reis van Re.

Het beeld van Re die in een tweede bark door de onderwereld reisde, legde natuurlijk een link met Osiris. Door associatie werd Re de heerser van de onderwereld, waar zijn doorkomst een moment van leven bracht voor de bewoners, die weer terugkeerden naar hun dode toestand wanneer de boot voorbij was.

RE IN EEN LEZING

Rechtop

Als u deze steen hebt gekozen, dan hebt u momenteel een overdaad aan creatieve energie tot uw beschikking. U ervaart dit misschien lichamelijk, wanneer de energie terugkeert naar uw lichaam en uw uithoudingsvermogen of doorzettingsvermogen toenemen. U voelt u wellicht vernieuwd en hebt het verlangen om nieuwe dingen te doen of krijgt belangstelling voor projecten die u eerder hebt ontweken of verwaarloosd. Op emotioneel gebied kunt u een gevoel van opbeuring en bevrijding ervaren na een periode van bedroefdheid of pijn; uw natuurlijke veerkracht zal weer naar boven komen. Het leven kan veel plezier brengen en dat plezier staat nu overvloedig tot uw beschikking.

U zult wellicht een poosje het middelpunt van de belangstelling zijn en dat is goed voor uw ontwikkeling. Dit is niet het moment om u terug te trekken, u te hullen in bescheidenheid of uw licht te verbergen. Het is nu belangrijk dat u gezien wordt. Het succes komt u tegemoet wanneer u zichtbaar en beschikbaar bent. Uw aanwezigheid is inspirerend voor anderen en belangrijk voor uw eigen ontwikkeling. U hebt een grote bezielende kracht en moet daarvan profiteren. Wellicht ontdekt u bij uzelf de gave op het juiste moment op de juiste plaats te zijn, wanneer zich nieuwe deuren voor u openen.

De steen van Re luidt een periode van harmonie in; uw populariteit neemt toe en u bent beter in staat de aandacht van anderen af te dwingen. Misschien neemt u een belangrijker rol in onder vrienden, in de familie, of op uw werkplek. U wordt de spil waar om de levens van anderen draaien. Uw aanwezigheid geeft anderen een reden elkaar op te zoeken of samen aan een project te werken dat iedereen ten goede zal komen. Stijg boven uw oude angsten en twijfels uit en geniet van de beloningen en genoegens die u hebt verdiend.

Ondersteboven

Ligt deze steen ondersteboven, dan wordt u wellicht omringd door interessante, bezielende mensen die op dezelfde golflengte zitten als u. Dit is een goede tijd om belangrijke nieuwe vriendschappen te sluiten of bijzondere vriendschappen die de afgelopen maanden een beetje in het slop zijn geraakt te hernieuwen. Soms is een periode van afzondering van goede metgezellen nodig om groei en ontwikkeling voor hen en ons mogelijk te maken. Wordt de vriendschap dan hervat, dan kan dat op een nieuw niveau van begrip, volwassenheid en bewustzijn. Uw relaties zullen in deze periode buitengewoon positief en bevredigend zijn. Andere mensen genieten van uw aanwezigheid en wat u van hen leert, zal op u een verlichtend effect hebben.

Het kan ook zijn dat u zich koestert in gereflecteerde glorie. Uw kinderen, ouders, vrienden, collega's of beminden vieren een succes dat hun reputatie, en door associatie ook de uwe, versterkt. U kunt rechtstreeks erkenning ontvangen voor uw steun en inbreng, of gewoon genieten van het feit dat iemand die u na staat, slaagt.

Wat de reden ook mag zijn, dit is een gouden tijdperk voor u dat u helpt uw waarde te bevestigen en uw positie in de wereld te versterken.

Kenmerken

Vertegenwoordigt deze steen een persoon in uw leven, dan zal die bezielend en aantrekkelijk zijn en vaak het middelpunt van de belangstelling. Deze persoon is uitermate doelbewust. Hij is zijn positie in het leven toegewijd en is trouw aan zijn carrière of rol binnen de familie. Hij is aardig, warm en vrijgevig, maar zijn agenda komt op de eerste plaats en hij zal niet gemakkelijk van het gekozen pad afwijken. Deze persoon is geweldig, vaak de ster van de show. In de westerse astrologie passen de eigenschappen van Re het beste bij het teken Leeuw.

Meditatie

Sluit uw ogen, adem diep in en ontspan u. Zie uzelf in een onbeperkte bron van zonlicht die vanuit uzelf komt. Stel u voor dat er een miniatuurzon onder uw ribben zit die een onuitputtelijk licht en energie uitstraalt. Stel u voor dat die energie zich naar elk deel van uw lichaam verspreidt dat kracht of versterking nodig heeft, en dat u door het licht vernieuwd en opnieuw opgeladen wordt. U wordt vervuld van een gevoel van warmte en welbehagen en ziet er stralend en aantrekkelijk uit.

Visualiseer hoe het gouden zonlicht uit uw binnenste uw omgeving en uw relaties beïnvloedt. Uw huis wordt vervuld van het licht, evenals uw werkplek; overal waar u gaat, laat u een helder spoor na dat de sfeer verbetert en anderen inspireert tot grotere liefde en creativiteit. Door uw grenzeloze licht trekt u nieuwe, creatieve mogelijkheden aan en bent u altijd beschikbaar voor liefdevolle, begripvolle mensen.

◉ POSITIEVE GEDACHTEN ◉

Mijn creatieve mogelijkheden zijn oneindig.
Ik kan veilig veranderen en me ontwikkelen.
Mijn warmte en schoonheid zijn voor iedereen zichtbaar.
Ik straal kracht, vertrouwen en grenzenloos licht uit.
Ik ben vervuld van energie en enthousiasme.
Ik schep mezelf elke dag opnieuw.
Ik groei naar het licht toe.

KHONSU

God van de maan

— Reizen —

— Jeugdigheid —

— Wegen —

— Daden —

De god Khonsu is de jeugdige god van de maan. Hij wordt gewoonlijk in menselijke vorm afgebeeld, maar als god van de lucht kan hij ook de vorm van een havik aannemen. Hij draagt meestal een lang, strak gewaad en een halsketting. Khonsu's hoofd is kaalgeschoren, met uitzondering van een slaap, waar een lok haar groeit die zijn jeugd en koninklijkheid vertegenwoordigt. Op zijn hoofd draagt hij een maansikkel met daarin een volle maan. Verhalen over zijn afkomst variëren. In Thebe zag men hem als het geadopteerde kind van de god Amun en diens gade Mut. Zijn naam betekent 'reiziger', wat duidt op het pad van de maan langs de hemel; hij was ook de navigator van het menselijk lot. Zijn kleur is het zilverwit van de maan.

Khonsu het kind

Khonsu is het toonbeeld van jeugdige schoonheid. Hij is een archetype dat de jeugdige verbazing en spontaniteit in ons allen vertegenwoordigt. Als bij veel kinderen en jonge mensen wordt zijn uitstraling versterkt door zijn gebrek aan wereldse kennis. Het feit dat hij zich niet bewust is van het effect dat hij op zijn omgeving heeft, maakt hem nog mooier. Als de maan die zijn goddelijke weg langs de hemel volgt, is Khonsu machtig, puur omdat hij zijn goddelijke weg volgt. Hij is gewoon zichzelf.

Hoewel eerdere beschrijvingen van Khonsu hem een agressievere, bloeddorstigere aard toedichten wordt hij algemeen beschouwd als een zachtaardige god met bijzondere therapeutische gaven. Hij had de reputatie van goedheid en mededogen. Omdat de kindertijd het begin van het leven is, bevatte het beeld van het goddelijke kind in het oude Egypte het krachtige zaad van elk toekomstig begin. De meest vereerde figuur van de jeugd was 'het kind Horus'. Khonsu vertegenwoordigt net als andere kindgoden het potentieel dat we allemaal hebben om ons goddelijke doel te vervullen en datgene te worden waarvoor we geschapen zijn.

Khonsu de navigator

Als maangod werd Khonsu gezien als reiziger en navigator die zijn koers uitzette langs de nachtelijke hemel. Hij stond bekend als 'hij die in een boot langs de hemel trekt'. Voor de Egyptenaren was de maan 'de zon die bij nacht schijnt' die op zijn reis vergezeld werd door bewonderende bavianen en jakhalzen. De associatie tussen bavianen en de maan maakten die dieren heilig voor Khonsu. In een van zijn rollen zou hij het individuele lot van mensen uitstippelen en hun levensduur berekenen. Hij maakt in elk geval de verschillen duidelijk tussen het menselijk lot en het goddelijke doel waarmee dat onderbouwd wordt.

Wij zijn vrij om keuzes te maken over de wegen die we kiezen; er zijn talloze mogelijke routes die we kunnen volgen om ons ultieme doel te bereiken. Wanneer we echter naar ons onderliggende doel luisteren en we onze ware aard getrouw zijn, zullen de keuzes die we maken meer in lijn zijn met onze hogere lotsbestemming. Wanneer we over water reizen, kunnen we beter met de stroom meewerken dan ons ertegen verzetten. Khonsu herinnert ons eraan dat we moeten reizen in onschuldige verbazing en ons ondergeschikt moeten maken aan het goddelijke plan dat we mede hebben geschapen.

Khonsu de exorcist

Tot de helende vermogens van Khonsu behoort ook de macht van het exorcisme. Zijn beeltenis werd aangeroepen om demonen te verdrijven en de harmonie te herstellen. Zieke en bezeten mensen uit heel Egypte en daarbuiten smeekten Khonsu hun innerlijke conflicten weg te nemen. Volgens een vertelling werd een beeld van Khonsu gebruikt om een boze geest te verdrijven uit het lichaam van een Syrische prinses. Haar dankbare vader bracht daarna met veel vertoon van dankbaarheid het beeld terug naar Egypte, samen met rijkelijke offergaven voor de god.

KHONSU IN EEN LEZING

Rechtop

Als u deze steen hebt gekozen, dan is het mogelijk dat u spoedig op reis zult gaan, het ongewisse tegemoet gaat of een nieuwe en onverwachte route kiest naar het doel dat u uzelf hebt gesteld. Dit is een tijd van jeugdig enthousiasme, experimenteren, nieuw avontuur, vreugde en goddelijke onschuld. Misschien voelt u zich jonger en energieker dan u in lange tijd hebt gedaan en is uw vertrouwen groot genoeg om te genieten van het spel van het leven. Alle vermoeidheid verdwijnt en u kunt genieten van uw kinderlijke aard. De mensen om u heen zullen u mogelijk zeer aantrekkelijk en gezellig vinden.

Uw onschuld is veeleer een kracht dan een zwakte. U bent vrij van oordelen of vooroordelen die u zouden beletten uw kansen te grijpen. Aan cynisme hebt u nu niets; het zal alleen uw vreugde beperken en uw voortgang belemmeren. Niet uw cynisme maar uw onschuld zal u beschermen. Onschuldig plezier kan een wonderbaarlijke genezing van de geest met zich meebrengen en uw hart openstellen voor de invloed van pure vreugde. Sterker nog, als u bereid bent de volwassen complicaties die u zelf hebt geschapen te laten varen en de wereld te bezien met de scherpte en eenvoud van een kind, zult u de boze geesten van bezorgdheid, gepeins en overmatige twijfel kunnen verbannen.

De steen van Khonsu luidt een tijd in van vernieuwing en versterking. Wanneer we te veel energie hebben gestoken in het maken van plannen en het trachten controle uit te oefenen op onze levensweg, dan moeten we de balans herstellen door spontaan te worden. Er zijn momenten dat we alleen vooruit kunnen komen door een spontane sprong in het ongewisse; dit is zo'n moment. Het verleden is voorbij, de toekomst ligt nog niet binnen uw bereik; u kunt alleen spelen met het plezier en de vrijheid van het heden. Bedenk dat Khonsu behalve een reiziger ook een navigator is en dat uw route, al mag die dan vrij en zonder beperkingen zijn, nooit zonder eigen goddelijk doel is.

Ondersteboven

Ligt deze steen ondersteboven dan dagen uw spontaniteit en goede humeur anderen ertoe uit minder somber te zijn. Uw invloed doorbreekt de ernst en pretenties van het volwassen leven en schept voor iedereen nieuwe mogelijkheden om plezier te maken. Misschien bent u de gangmaker van het feest of hebt u alleen uw wereldse zorgen laten varen en helpt u uw familie, vrienden en collega's hetzelfde te doen. U leeft in deze periode mee met de behoeften en gevoelens van anderen en uw natuurlijke, goedaardige wijsheid schept ruimte voor genezing.

De meeste mensen zullen in deze periode genieten van uw gezelschap, maar bedenk dat niet iedereen zich prettig zal voelen bij uw jeugdige enthousiasme, vrolijkheid en goedheid. Voor sommigen zullen uw levendigheid en goede humeur alleen maar duidelijk maken welke beperkingen ze zichzelf hebben opgelegd en hoe mistroostig ze zijn geworden. Uit mededogen met uzelf kan het belangrijk zijn afstand te nemen van iedereen die blijk geeft van jaloezie of afkeer; laat uw natuurlijke uitstraling metgezellen aantrekken die uw spontane aard weten te waarderen.

Kenmerken

Vertegenwoordigt deze steen een persoon in uw leven, dan zal die hetzij zeer jong hetzij eeuwig jeugdig zijn. Deze persoon is door zijn frisheid heel aantrekkelijk, al is hij zich in zijn onschuld wellicht volstrekt niet bewust van het effect dat hij op anderen heeft. Zijn aanwezigheid motiveert u, ook al vraagt hij wat veel aandacht. Hij herinnert u eraan dat u plezier moet maken en voert u, uit de dagelijkse sleur naar een reeks speelse avonturen. In de westerse astrologie passen de eigenschappen van Khonsu het beste bij de tekens Tweelingen en Kreeft.

Meditatie

Sluit uw ogen, adem diep in en ontspan u. Visualiseer uzelf als een jong kind. De leeftijd maakt niet veel uit, maar probeer uzelf te zien zoals u was toen u nog niet leed onder volwassen verantwoordelijkheden en beperkt denken.

Hoe zag u er op die leeftijd uit? Wat voor kleren droeg u? Erken de teleurstellingen en uitdagingen uit die tijd. Maakt het denken aan uw jeugd u boos of triest, accepteer die gevoelens dan. Zijn de herinneringen aan uw jeugd vol liefde en plezier, erken dan ook die gevoelens en geniet ervan.

Wat deed u graag? Welke spelletjes of bezigheden vond u leuk?

Als u het innerlijke kind in u naar boven hebt gehaald, stel het dan de volgende vragen: 'Wat kan ik doen om meer plezier in mijn leven te brengen? Hoe kan ik mezelf vrijer maken en meer plezier maken?'

Schenk aandacht aan gedachten, gevoelens of impulsen die u ontvangt en handel daar dan naar.

☾ POSITIEVE GEDACHTEN ☾

Ik geniet van mijn leven.
Ik spring in het avontuur van elk nieuw moment.
Ik ben jeugdig en levendig.
Ik reis met hoop, vertrouwen en vol positieve verwachting.
Ik word met de dag jonger, gezonder en mooier.
Ik kan veilig spontaan zijn.
Ik kies voor vrijheid en plezier.

KHNUM

Schepper van het leven

— Nieuw leven —

— Taal —

— Creativiteit —

— Voortplanting —

De god Khnum wordt vaak de schepper van leven genoemd. Hij is een ramsgod die uit klei goden, mensen, vogels, vissen en vee vormt en ze dan leven inblaast. Hij geeft gezondheid en tot zijn vele geschenken behoren de verschillende talen van het menselijk ras. Khnum wordt vaak afgebeeld met een menselijk lichaam en een ramskop; gewoonlijk gezeten aan een pottenbakkersschijf waarop hij uit klei nieuw leven maakt. De hiëroglief voor zijn naam is een ramshoorn. In Esna, in het zuiden van Egypte, dacht men dat Khnum de schepper van alles was. Hij belichaamde de hele wereld en zijn goddelijkheid omvatte andere godheden als Geb, Shu, Osiris en Re. Zijn kleuren zijn violet en roodgoud.

Schepper van nieuw leven en overvloed

Khnum was de god van de Nijlcataracten (stroomversnellingen). Hij regelde de jaarlijkse overstromingen vanuit de grotten van Hapy, de god die de Nijloverstromingen belichaamde. Verering van Khnum, met passende financiële bijdragen aan zijn tempel zou de welvaart van Egypte waarborgen.

Khnum zou naast de kikvorsgodin Heket de leiding hebben over de geboorte van kinderen. Men dacht dat Khnum ieder kind met zorg uit klei boetseerde op zijn pottenbakkersschijf en het dan als een zaadje in de baarmoeder van de moeder plantte. Hij was een god van vruchtbaarheid en voortplanting, die de levenscycli beheerste. Hij kon de baarmoeder zegenen met nieuw leven, het land met nieuwe oogst en de volken van Egypte met welvaart en overvloed.

Omdat hij het menselijk nageslacht leven inblaast, wordt Khnum gezien als gever van gezondheid. Hij droeg ook bij aan de schepping van dieren, vissen en zelfs andere goden. Khnum vertegenwoordigt wellicht zowel het scheppingsproces als het vermogen te scheppen.

Als pottenbakker, een vak waarmee de Egyptenaren zich gemakkelijk zouden identificeren, is hij het toonbeeld van de vakman die met zijn wil en visie iets bruikbaars en tastbaars kan scheppen. Zijn creativiteit was niet abstract, maar direct. Khnum mag dan een scheppende god zijn, hij is ook het symbool van het menselijk vermogen dromen waar te maken en hij herinnert ons eraan dat spirituele groei vaak voortkomt uit praktische toepassing en voor ons allen bereikbaar is.

De symboliek van de ram

Khnum was de goddelijke ram, de oorspronkelijke scheppingsvonk, wellicht symbolisch voor het tijdperk van de Ram dat voorafging aan het tijdperk van de Vissen en ons huidige tijdperk van de Waterman. 'Khnum' werd ook de letterlijke naam van de ram en Khnum schonk de ram heilige krachten. De verering van Khnum omvatte ook het begraven van gemummificeerde rammen in Elephantine, elk versierd met een vergulde hoofdtooi en in een sarcofaag geplaatst.

De ram werd geassocieerd met de mannelijke vruchtbaarheid en het vermogen tot voortplanten. Ook in de huidige westerse astrologie is de ram een symbool van nieuw leven. Het teken Ram is het eerste van de sterrenbeelden en staat voor de energie die aanzet tot schepping en de hartstocht die nodig is om nieuw leven te zaaien.

De metgezellen van Khnum

Khnum zou in zijn werk worden bijgestaan door de godinnen Satis en Anukis. Satis bewaakte de zuidelijke grenzen van Egypte. Ze zou de vijanden van de koning doden met haar pijlen. Samen met Khnum werd ze geassocieerd met de overstromingen van de Nijl. Ze bood de overledene kruiken met water aan om zich te reinigen. De godin Anukis werd gezien als het kind van Khnum en Satis, hoewel sommige vertellingen haar tot de gade van Khnum en de moeder van Satis bestempelen. Ze was een godin van de eerste Nijlcataract in Aswan en er stond een tempel ter ere van haar op het eiland Seheil.

KHNUM IN EEN LEZING

Rechtop

Hebt u deze steen gekozen, dan bent u gezegend met de juiste hoeveelheid energie om nu het creatieve proces in uw leven te stimuleren. Denk over uw huidige projecten na en vraag u af welke praktische stappen u moet ondernemen om de uitwerking daarvan te bewerkstelligen of te verbeteren. Hebt u een beeld voor ogen van wat u in uw leven wilt scheppen? Vergaart u het ruwe materiaal dat uw visie werkelijkheid kan maken? Boetseert u die ruwe materialen tot de gewenste vorm? Is het tijd om uw creaties leven in te blazen en hun eigen leven te laten leiden?

Wat u ook nodig hebt of wilt scheppen, dit is niet het moment om te talmen. Als u geen positief droombeeld voor de toekomst hebt, moet u er een ontwikkelen. Als u ervan droomt iets nieuws te doen met uw leven, maar nog niet de stappen hebt ondernomen die uw droom werkelijkheid kunnen maken, is dit het moment om te gaan werken aan het tastbaar maken van uw doelstellingen. Zovelen van ons zetten niet door uit angst te zullen falen, of omdat we vrezen de uitdagingen en verplichtingen waarmee het creatieve proces gepaard gaat niet aan te zullen kunnen. Falen kunnen we alleen maar door groei en creatieve ontwikkeling uit de weg te gaan. Het succes komt altijd als we luisteren naar onze dromen en verlangens en ernaar handelen door de noodzakelijke praktische stappen te ondernemen om ze tot leven te brengen.

De steen van Khnum luidt een tijd in waarin u overgaat van het abstracte naar het tastbare. Hij duidt op goede projecten die tot ieders voordeel ontwikkeld kunnen worden. Khnum zegent u met inspiratie, gezondheid en welvaart. En misschien met de geboorte van een kind, een nieuwe relatie, een nieuw begin voor een zakelijke of creatieve onderneming. Alles ziet er goed uit voor de toekomst; u moet gewoon vertrouwen hebben in uzelf en tot actie overgaan.

Ondersteboven

Ligt deze steen ondersteboven, dan bent u belangrijk voor de verwezenlijking van de dromen van anderen. Misschien geeft een van uw ideeën iemand anders de eerste impuls om een project op te starten of zakelijk iets nieuws te ondernemen. Ook kan uw inbreng een reeks van gebeurtenissen in gang zetten die een positief effect heeft op mensen en plaatsen die u nog niet eens kent. Uw wijze woorden moedigen anderen aan het pad naar spirituele of materiële groei te volgen. Alle vormen van communicatie zijn nu belangrijk. Dit is wellicht het moment om een nieuwe taal te leren en u voor te bereiden op nieuwe relaties met mensen die nu nog niet tot uw vrienden, collega's en klanten behoren.

Dit is een tijd van voorspoed, waarin een investering in het succes van anderen voor u vruchten zal afwerpen. Dat kan een financiële investering zijn; u voorziet wellicht in het geld voor iemands project of steunt hen financieel zodat ze iets kunnen doen wat ze altijd al gewild hebben. De kans is echter groter dat het een investering van tijd, energie en liefde zal zijn, die u in overvloed terug zult ontvangen wanneer u zelf degene bent die praktische hulp of creatieve aanmoediging nodig heeft.

Kenmerken

Vertegenwoordigt deze steen een persoon in uw leven, dan kan dat een artiest of een vakman zijn of iemand met meerdere creatieve bekwaamheden. Hij beschikt over de praktische vaardigheden om zijn ideeën in daden om te zetten en de wilskracht en het enthousiasme om er wat van te maken. Hij kan iemand zijn die mensen van nature aanzet tot nieuwe creatieve ondernemingen, een nieuwe ouder, of iemand die in een nieuwe zakelijke onderneming wil stappen. Wees blij voor hem en probeer hem te steunen. Als hij slaagt, zult u daar wellicht op onverwachte wijze profijt van hebben.

In de westerse astrologie passen de eigenschappen van Khnum het beste bij het teken Ram.

Meditatie

Sluit uw ogen, adem diep in en ontspan u. Zie uzelf met een homp ruwe klei en stel u voor dat u die tot een ruwe, menselijke vorm boetseert. De klei voelt zacht aan en is gemakkelijk te modelleren. Zie voor uw geestesoog hoe u de vorm tot een perfect evenbeeld van uzelf maakt en denk daarbij aan alle dingen die u in uw leven zou willen scheppen of veranderen. Zou u graag fitter, gezonder of gelukkiger willen zijn, blaas het beeldje in gedachten dan leven in en schenk het fitheid, gezondheid en geluk. Zou u creatiever, welvarender en succesvoller willen zijn, visualiseer dan hoe u die eigenschappen in het beeldje blaast. Wenst u spirituele groei, zegen het figuurtje dan met de mogelijkheid tot spirituele ontwikkeling. Bent u klaar, visualiseer dan hoe het beeldje tot leven komt en hoe deze nieuwe eigenschappen en vaardigheden in u tot leven komen.

POSITIEVE GEDACHTEN

Mijn talenten groeien en breiden zich uit.
Ik schenk vrijgevig en ontvang in overvloed.
Het is gemakkelijk voor me om nieuwe dingen te leren.
Ik communiceer duidelijk en effectief.
Ik blaas nieuwe projecten en nieuwe relaties gemakkelijk leven in.
Ik creëer welvaart voor mezelf en anderen.
Ik ben praktisch en creatief.

HAPY

God van de overstroomde Nijl

— Volheid —

— Overvloed —

— Soepelheid —

— Eb en vloed —

    De god Hapy is de verpersoonlijking van de jaarlijkse overstroming van de Nijl. Hij houdt zich op in de grotten van de stroomversnellingen waar de ramsgod Khnum heerst. Hij wordt afgebeeld in menselijke vorm met waterplanten op zijn hoofd en offergaven in zijn handen. Zijn overvloedige welvaart blijkt uit zijn buikje en hangende borsten. Hij was een god zonder tempel of heiligdom, maar dwong veel respect af door de overvloedige vruchtbaarheid die hij over het land bracht. Hapy was een goedaardige godheid die het Egyptische volk zegende met hun bestaansmiddelen. Hoewel hij een mannelijke god was, was zijn zachte aard zeer moederlijk. De kleuren van Hapy zijn het groen van het Nijlwater en de beplanting.

De welvaart van Hapy

Hapy was een welvarende god, wiens overvloed werd gesymboliseerd door de volheid van zijn lichaam. Hij had het imago van een feestvierder, van verrijking en voldoening. Hij belichaamde de jaarlijkse overstroming van de Nijl, waardoor vruchtbaar slib op de akkers achterbleef, dat rijk was aan mineralen en voedingsstoffen die voor een sterke en rijke oogst zorgden. Hapy was de eb en vloed van de Nijl. Hij was het seizoen van vruchtbaarheid en de gever van geschenken.

Hapy was een van de Egyptische goden die, hoewel overwegend mannelijk, als tweeslachtig werden afgeschilderd. Hij wordt wel beschreven met de borsten van een voedster en vertegenwoordigde waarschijnlijk enkele van de koesterende eigenschappen die we allemaal hebben. In zekere zin moet de Nijl een koesterende weldoener zijn geweest voor de Egyptenaren, die ervan afhankelijk waren. Hij was de bron van leven die hen voortdurend voorzag van voedsel en grondstoffen.

Het leven van de Nijl

Het planten- en dierenleven in en rond de Nijl was heilig voor Hapy. De vissen van de Nijl en het gevogelte in de moerassen waren hem zeer toegewijd. Tot zijn entourage zou een aantal krokodillengoden behoren en hij zou een harem van kikvorsgodinnen hebben. De planten die met Hapy werden geassocieerd waren de papyrus en de lotus. De Nijlgod werd vaak afgebeeld met een hoofdtooi van planten en had soms twee vormen die zijn aanwezigheid in zowel Boven- als Beneden-Egypte aangaven; de ene vorm droeg de papyrus van het noorden, de andere de lotus van het zuiden. Hapy was vaak halfnaakt of op dezelfde manier gekleed als de bootslui en vissers die de Nijl bevoeren, waarbij zijn volle maag over zijn strakke gordel hing.

Hapy bewoonde de Nijlcataracten, waar grote hoogteverschillen maakten dat het water sneller stroomde. Aangenomen werd dat hij op het eiland Bigeh bij de eerste cataract woonde. Vanuit zijn grot goot hij water uit zijn heilige urnen; een deel naar de hemel, een deel naar de aarde. De Egyptenaren geloofden dat de bron van de Nijl gelegen was in Nu, de oerwateren die de leegte voor en na het bestaan van de wereld vulden, al meenden de vereerders van Osiris dat de jaarlijkse overstroming werd veroorzaakt door de tranen van Isis die rouwde om haar vermoorde echtgenoot.

De verering van Hapy

Er zijn nooit tempels ter ere van Hapy gebouwd, al kwam zijn beeltenis wel geregeld voor in tempels die voor andere goden waren gebouwd. Hij werd vaak afgebeeld met een dienblad vol rijke offergaven voor de god van de tempel. Die offergaven stamden uit de rijke Nijldelta.

Elk jaar in juni offerden de Egyptenaren aan Hapy. Door hem te eren hoopten ze bij hem in de gunst te blijven en zich ervan te verzekeren dat de Nijl halverwege de volgende maand de juiste hoogte zou bereiken om het land vruchtbaar te maken. Tot hun offergaven behoorde het zingen van poëtische hymnes en bezweringen.

HAPY IN EEN LEZING

Rechtop

Als u deze steen hebt gekozen, dan kan dit een periode van grote vruchtbaarheid in uw leven worden, als u dat toelaat. Vruchtbaarheid gaat vaak samen met de bereidheid die te ontvangen. Het universum schenkt ons met genoegen liefde, voorspoed en genezing, maar we moeten zelf leren ons open te stellen voor de overvloed die ons omringt. We leren veel negatieve of beperkende verwachtingen. We blijven levenslang wensen en ons zorgen maken over wat we niet hebben, in plaats van te genieten van de rijkdom van elke nieuwe ervaring en dankbaar te zijn voor de liefde die we al hebben geschapen. Zegen elk geschenk dat u ontvangt, elke vriendelijke glimlach, elk woord van liefde en elk loonstrookje! Houd uzelf regelmatig voor dat u het beste in het leven verdient en dat u bereid bent volop liefde, plezier en voorspoed te ontvangen.

Het is mogelijk dat uw emoties in deze periode erg wisselvallig en krachtig zijn, met grote hoogte- en dieptepunten; maar daardoor voelt u zich waarschijnlijk wel levendiger. Ook al leidt u een zwaar of druk leven, u bent wellicht toch over het algemeen tevreden met uw lot. Dit is een productieve periode waarin projecten goed beginnen en alle kans van slagen hebben.

De steen van Hapy luidt gewoonlijk een tijd van volheid en overvloed in waarin veel goede dingen gebeuren en we zowel spiritueel, materieel als emotioneel grote mogelijkheden hebben. Hapy herinnert ons echter ook aan de cyclus van eb en vloed. Voor alles in ons leven is er een seizoen. Is ons leven vol mogelijkheden, dan moeten we daar van profiteren en proberen er het beste van te maken. Ligt ons leven tijdelijk braak en lijkt er niets te gebeuren, dan kunnen we die tijd benutten om te genieten van de eenvoud van elk nieuw moment, onze vaardigheden aan te scherpen voor de toekomst en te mediteren. Vreugde komt voort uit een balans tussen rust en activiteit. Liefde en voorspoed komen gemakkelijker wanneer we bereid zijn ons aan veranderingen aan te passen.

Ondersteboven

Ligt deze steen ondersteboven, dan wordt u gevraagd uzelf erkenning te geven voor de zorg, liefde en overvloed die u aan anderen schenkt, en nog eens goed te kijken hoe uw eigen geluk meer mensen ten goede kan komen.

Voelt u zich erg bemind of liefdevol, deel uw liefde dan met iemand, zodat die liefde kan groeien. De gift van liefde kan ook lof, erkenning, complimenten en bemoedigende woorden inhouden. Voelt u zich erg welvarend, kijk dan hoe die welvaart de mensen die u liefhebt ten goede kan komen of schep iets positiefs in uw ruimere woonomgeving.

Het is niet juist om te geven uit schuldgevoel. We verdienen echt al het goede dat we ontvangen en niemand heeft er iets aan als we ons schuldig voelen om ons geluk. Het is daarentegen belangrijk dat we geven vanuit een gevoel van vreugde en het vertrouwen dat wat we geven alle betrokkenen ten goede zal komen. De energie van de voorspoed groeit slechts als die voortdurend doorstroomt en neemt af als die stilstaat of wordt tegengehouden. Wat uit goede wil en een goed hart bij ons wegvloeit, zal op talloze manieren naar ons terugvloeien.

Kenmerken

Vertegenwoordigt deze steen een persoon in uw leven, dan zal die een zorgzame, ondersteunende invloed hebben. Het is iemand die op elke situatie reageert met ontvankelijkheid, gevoeligheid en emotionaliteit in plaats van met logica. Hij is sympathiek en opmerkzaam en in staat aandacht te besteden aan de behoeften van anderen. De aanwezigheid van deze persoon kan voorspoed of grote mogelijkheden voor spirituele groei en persoonlijke vooruitgang met zich meebrengen. In de westerse astrologie passen de eigenschappen van Hapy het beste bij het teken Vissen.

Meditatie

Sluit uw ogen, adem diep in en ontspan u. Verklaar in gedachten dat u bereid bent de overvloed van Hapy te ontvangen en te delen. Bedenk wat u zou willen geven en ontvangen. Wie zou u meer liefde kunnen geven? Wie zou baat hebben bij uw positieve, liefdevolle aandacht, complimenten, aanmoediging of geruststelling? Wat voor praktische hulp kunt u bieden? Wie kunt u laten delen in uw voorspoed? Dat hoeft geen geld te zijn; u kunt ook uw vaardigheid, een gezamenlijke maaltijd of ûw wijsheid aanbieden. Visualiseer dat u met plezier geeft. Denk dan aan wat u zou willen krijgen in uw leven en zie hoe u de geschenken van liefde en voorspoed die u wenst gemakkelijk ontvangt. Wilt u iets moois, raak het dan in gedachten aan. Wilt u liefde, voel dan hoe uw hart erdoor wordt beroerd. Begin na deze meditatie zelf te geven en bevestig uw bereidheid te ontvangen.

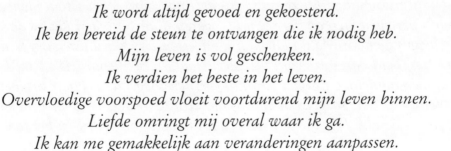

POSITIEVE GEDACHTEN

Ik word altijd gevoed en gekoesterd.
Ik ben bereid de steun te ontvangen die ik nodig heb.
Mijn leven is vol geschenken.
Ik verdien het beste in het leven.
Overvloedige voorspoed vloeit voortdurend mijn leven binnen.
Liefde omringt mij overal waar ik ga.
Ik kan me gemakkelijk aan veranderingen aanpassen.

MAAT

Godin van de kosmische harmonie

— Waarheid —

— Rechtvaardigheid —

— Moraal —

— Integriteit —

De godin Maat wordt vaak afgebeeld met een struisvogelveer op haar hoofd, maar wordt ook wel gesymboliseerd door alleen de struisvogelveer. Gewoonlijk is ze staand te zien, hoewel ze soms ook wel op haar hielen zit en vleugels heeft. Farao's beriepen zich op het recht te regeren door te stellen dat ze door hun heerschappij de door Maat belichaamde wetten van het universum handhaafden. De wijsheid van deze godin was cruciaal bij het beoordelen van de doden, waarbij de schuldelozen in het paradijs werden toegelaten. Haar invloed omvat gerechtelijke zaken, zorgt voor een rechtvaardig oordeel en voor orde en evenwicht in de wereld. Het bestaan van Maat maakte het leven én het leven na de dood mogelijk. Haar kleuren zijn wit en mauve.

Kosmische orde en recht

De godin Maat is de belichaming van de orde en balans in alle dingen. Ze werd bekend als de dochter van de zonnegod Re en zou 'aan de neusvleugels van Re' zitten; misschien om aan te geven dat wetten van de schepping en die van de kosmische harmonie onverbrekelijk met elkaar verbonden zijn. Maat zou de vrouw zijn van Thoth, de rechter onder de goden, en vertegenwoordigde de menselijke eigenschappen van eerlijkheid, oordeelkunde en rechtmatigheid en ook de krachten van de goddelijke orde. Ze bood een structuur en een werkelijkheid waarop de aard van de schepping steunde. Misschien werd ze daarom ook wel 'het eten en drinken van Re' genoemd.

De naam van Maat en de met haar geassocieerde eigenschappen vormden een essentieel onderdeel van wet en recht. Rechters waren priesters van Maat en farao's associeerden zichzelf met haar; zij noemden zich de vertegenwoordiger van de goddelijke orde. Maat was een van de godheden die de farao's het recht gaf te heersen en de sterfelijke taak van regering en wetgeving op zich te nemen.

Maat in de zaal van het gerecht

Maat wordt vaak afgebeeld in de zaal van het gerecht. Wanneer iemand stierf, moest zijn ziel in deze zaal worden gewogen, alvorens hij verder kon naar de onderwereld. De jakhalsgod Anubis woog het hart van de overledene op de 'weegschaal van Maat' voor Osiris en de raad van tweeënveertig rechters. Aan de andere kant van de weegschaal werd 'de veer van Maat' gelegd, die de waarheid symboliseerde. Het is interessant dat de Egyptenaren waarheid, eerlijkheid en goedheid vergeleken met de lichtheid van een veer, en dachten dat iemand met een oprechte ziel een licht hart zou hebben. Als de overledene een goed, eerlijk leven had geleid, zou de weegschaal gelijk komen te hangen; zo niet, dan zou het hart zwaarder wegen dan de veer.

Het hart zelf was een symbool van leven. Men meende dat het lichaam stierf omdat het hart vermoeid was. Het hart werd tijdens het balsemen gewoonlijk in het lichaam gelaten, hoewel de andere organen werden verwijderd en in potten werden bewaard. Waarschijnlijk meende men dat het hart noodzakelijk was om na de dood verder te kunnen leven. Om de overledene te helpen bij zijn beoordeling werd een 'hartscarabee' in de windsels van de mummie geplaatst in de hoop dat die zou voorkomen dat het hart een ongunstig beeld van het leven van de persoon zou schetsen. Het hart was representatief voor het karakter, de emoties en het intellect.

De weegschaal van Maat

Ook in de moderne wereld symboliseert de weegschaal de wet, het gezag en het rechtsproces. Het symbool is een internationaal embleem van het rechtsstelsel. In de westerse astrologie wordt Libra, het teken van hogere rede en gerechtigheid, ook gesymboliseerd door de weegschaal. Dat is misschien niet zo vreemd, gezien het feit dat de moderne astrologie zijn oorsprong vindt in het Midden-Oosten en Noord-Afrika.

MAAT IN EEN LEZING

Rechtop

Als u deze steen hebt gekozen, dan wordt u eraan herinnerd dat de goddelijke orde zal overheersen, in weerwil van menselijke grillen of persoonlijke drama's. De natuur zoekt altijd naar evenwicht en er bestaat zelfs ware spirituele gerechtigheid wanneer de wereld oneerlijk lijkt te zijn. Velen van ons leren het rechtsproces te vrezen. We groeien misschien op met het beperkende idee van een straffende god die klaar staat om de gewone mensen af te straffen, of ze nu schuldig of onschuldig zijn. In werkelijkheid is goddelijke rechtvaardigheid gebaseerd op liefde, acceptatie en eerlijkheid. De natuurlijke orde van het universum voert ons graag naar onze opperste vreugde; bevrijdt ons van onze angsten en zelfopgelegde beperkingen.

De goddelijke orde is vol mededogen, genade en steun. Door ons tegen de aard van het universum te verzetten, creëren we mogelijk strijd, frustratie en ontbering. Echter, door met de universele intelligentie samen te werken, kunnen we leren met gratie te werk te gaan. Maat zegent ons met vergeving. Ze geeft aan dat het goed voor ons zou zijn om anderen en onszelf te vergeven en oud onrecht te vergeten. Ze leert ons ook objectief en onpartijdig te zijn, omdat oprecht mededogen geboren wordt uit oprechte objectiviteit.

De steen van Maat luidt een tijd in waarin we onze rechtmatige plaats in het grote plan kunnen innemen. Het verleden is voorbij; de toekomst is nog een blanco blad in een open boek. In het heden kunnen we redding vinden. Het maakt niet uit wat ons is overkomen; vroeger onrecht is verleden tijd en onze angst voor de toekomst is een illusie. We zijn vrij om voortaan de werkelijkheid te scheppen die wij wensen.

Ondersteboven

Ligt deze steen ondersteboven, dan wordt u om een weloverwogen oordeel gevraagd dat een ander persoon verder zal helpen. U zult duidelijk, oprecht en integer moeten handelen. Misschien wordt u zelfs gevraagd snel te beslissen, maar probeer u niet tot handelen te laten dwingen voor u daar aan toe bent. Uw eerlijkheid en mededogen kunnen een situatie nieuw leven inblazen, een relatie helen of nieuwe hoop geven aan iemand die alle vertrouwen in zichzelf begon te verliezen. Uw gratie, evenwicht en nuchterheid brengen inspiratie en geruststelling.

Het kan ook zijn dat uw invloed voor evenwicht zorgt. U bent wellicht de perfecte persoon om een team compleet te maken; u compenseert de andere persoonlijkheden, waardoor een effectieve professionele groep of harmonieuze familiegroep ontstaat. Uw aanwezigheid is kalmerend en leidt de anderen weg van extreme stemmingen en naar een constructiever gemoedstoestand. Misschien brengt u zelfs wel evenwicht als briljant onderhandelaar, agent of diplomaat die de lucht tussen twee of meer partijen weet te zuiveren. Dit is een krachtige en momenteel zeer fortuinlijke rol voor u, maar als u meent dat het brengen van goddelijke orde voor anderen u zelf wanorde en disharmonie oplevert, moet u meer afstand nemen en anderen meer verantwoordelijkheid voor zichzelf laten nemen.

Kenmerken

Vertegenwoordigt deze steen een persoon in uw leven, dan is die eerlijk, onpartijdig en evenwichtig. Hij is een uitstekend onderhandelaar en een goed karakterbeoordelaar. Hij is gevoelig, maar wordt niet beheerst door hartstocht en houdt niet van een groot vertoon van emoties. Hij houdt veeleer zijn gevoelens verborgen en handelt liefst zo objectief mogelijk. Hij geniet van de mooie dingen van het leven: goede vriendschappen, goede literatuur, muziek en kunst. Hij zoekt voortdurend naar harmonie binnen relaties en zal daarvoor grote tact en diplomatie aanwenden. De eigenschappen van Maat passen het beste bij het teken Weegschaal in de westerse astrologie.

Meditatie

Sluit uw ogen, adem diep in en ontspan u. Denk aan kwesties van afkeer, onbalans of onrechtvaardigheid in uw verleden of heden. Vraag Maat u te bevrijden van de gevolgen van onrechtvaardigheid. Visualiseer hoe uw lichaam, geest en emoties vervuld raken van het mauve licht van Maat. Zie hoe dat licht uw afkeer oplost en onbalans corrigeert, opdat u uw leven opnieuw kunt scheppen, bevrijd van negatieve verwachtingen. Zie hoe Maat u losmaakt van relaties of situaties die niet langer dienst doen en de band verbreekt met iedereen die u oneerlijk behandelt. Stel u voor dat u vrij bent om nieuwe, eerlijke en oprechte relaties aan te knopen met mensen die beter in staat zijn uw behoeften en wensen te respecteren. Terwijl afkeer, teleurstelling of bedroefdheid wegsmelten, ziet u uw hart lichter en helderder worden. Zie uzelf steeds vreugdevoller worden. Door uw innerlijke balans en bewustzijn kunt u anderen eerlijk, vol mededogen en objectief bekijken.

POSITIEVE GEDACHTEN

Ik ben gezond en innerlijk in balans.
Ik ben voortdurend in een staat van gratie.
Ik kan gemakkelijk alle kanten van een situatie zien.
De goddelijke orde van het universum steunt mijn gezondheid en geluk.
Ik kan gemakkelijk eerlijk, oprecht en onpartijdig zijn.
Mijn leven is in balans, innerlijk en uiterlijk.
Mijn leven is harmonieus.

KHEPRI

Scarabee van de zon

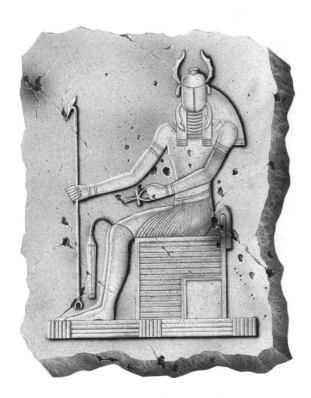

— Bovenkomen —

— Motivatie —

— Voortstuwing —

— Versiering —

De Egyptenaren waren gefascineerd door de scarabee en zijn gewoonte mestballetjes over de aarde te rollen. Ze vergeleken dat met de beweging van de zon langs de hemel. Khepri is de zonnegod en schepper in de vorm van een scarabee. Men meende dat hij uit het niets was ontstaan, niet volgens de normale voortplantingscyclus, en hij vertegenwoordigde de oorspronkelijke scheppingsvonk. Khepri werd gewoonlijk afgebeeld als een mestkever, maar was ook wel te zien als een kever met havikvleugels of een man met de kop van een scarabee. Soms werd hij door afbeeldingen waarop hij met de kop van een ram te zien was, verbonden aan een ander aspect van de zonnegod. De kleuren van Khepri zijn zwart, blauw en goud.

De scarabee en de zon

Het was het beeld van mestkevers die een mestballetje voor zich uit rollen dat de Egyptenaren een symbool gaf voor de tocht van de zon langs de hemel. Ze stelden zich voor dat de zon op gelijksoortige wijze door een kever werd voortgeduwd. Verder zag men kevers als door toverkracht uit mestballen te voorschijn komen. Dat beeld week niet zo veel af van het concept van de schepper-god Atum en zijn latere tegenhanger, de zonnegod Re, die zichzelf schiepen en in het begin der tijden te voorschijn kwamen uit de wateren van Nu. De kever werd dus onverbrekelijk verbonden met de zon en de zonnevering, en de scarabeegod Khepri werd een van de gezichten van de almachtige zonnegod.

De werkelijkheid van de mestkever is echter veel eenvoudiger en aardser. De kevers graven holletjes om hun mestballen in te bewaren, zodat zij en hun larven zich ermee kunnen voeden. Het verzamelen en voortrollen van mestballetjes maakt deel uit van haar voortdurende overlevingscyclus.

De jeugdige zon

Omdat scarabees uit mest te voorschijn leken te komen, werd Khepri geassocieerd met de zon die 's ochtends aan de oostelijke horizon opkwam. Hij was het gezicht van de ochtendzon die opdook uit de onderwereld en als zodanig het beeld van jeugdigheid. Khepri was verbonden met nieuw leven, wedergeboorte en hernieuwde vitaliteit. Een extra connectie tussen het beeld van de scarabee en de schepper-god Atum komt voort uit een verwijzing naar Khepri die de aarde schept uit zijn speeksel. De verering van het beeld van een mestkever als de heilige zonnescarabee Khepri is een uitstekend voorbeeld van hoe de oude Egyptenaren verklaringen zochten voor de werking van het heelal en spirituele betekenis aan de natuur ontleenden. Daarmee hebben ze ons een unieke metafoor nagelaten voor de goddelijke vonk in al wat leeft.

Het gebruik van de scarabee

In het oude Egypte werden scarabeefiguurtjes gebruikt als versiering en als totems bij heilige rituelen en begrafenisceremoniën. De scarabee werd vaak uit antraciet of speksteen gesneden, maar kon ook van semikostbare mineralen of klei zijn gemaakt. Tijdens het leven en na de dood werd een scarabee vaak gedragen als amulet die de drager geluk moest brengen. Ook werden scarabees door Egyptische ambtenaren gebruikt als zegel en bevatte de onderkant vaak belangrijke informatie in hiërogliefenschrift. Sommige scarabees droegen de namen van koningen, terwijl op andere een betovering geschreven was.

Hartscarabees werden gebruikt om de overledene te helpen bij zijn reis naar de onderwereld, door ervoor te zorgen dat het hart in de zaal van het gerecht een gunstig beeld van het karakter van de persoon schetste. Het plaatsen van een hartscarabee in de windsels of de graftombe van een gemummificeerd persoon was een totem voor nieuw leven en men meende dat de overledene zou opstijgen als de zon in de ochtend of in een nieuwe wereld als de schepper-god uit de chaos van Nu te voorschijn zou komen.

KHEPRI IN EEN LEZING

Rechtop

Als u deze steen hebt gekozen, dan is dit een periode van nieuwe motivatie. U wordt aangemoedigd boven uw angst of aarzeling uit te stijgen. Wellicht bent u gemotiveerd een project te voltooien waarin u het vertrouwen verloren had, of hebt u na een periode van twijfel de moed teruggevonden om uw rol in de wereld te vervullen. Wordt uw horizon nog steeds verduisterd door een gebrek aan motivatie, zoek dan in uw binnenste naar de onderliggende angst of afweer, zodat u die kunt erkennen, ermee kunt afhandelen en hem opzij kunt schuiven. Het is nu belangrijk om vooruit te gaan; u zult profijt hebben van uw toewijding en volharding.

Misschien zult u ontdekken dat toewijding en hard werken niet hetzelfde zijn. Energie steken in een project of relatie en doen wat nodig is om ze te doen slagen, dat wijkt af van de werkethiek die velen van ons waarschijnlijk hebben geleerd. We denken vaak dat we voor ieder klein succesje hard moeten werken en onze verwachtingen kunnen zelfs de eenvoudigste taak tot een zware opgave maken. Het geloof in hard werken weerhoudt ons er vaak van plezier te hebben en succes te behalen. Het werpt een barrière op die door kans en uitvoering alleen niet doorbroken kan worden. We moeten geloven dat het soepel zal gaan en dat geloof combineren met positieve energie en toewijding aan al onze doelen; dat zal deuren openen en wonderen bewerkstelligen.

De steen van Khepri luidt een tijd in van energie, voortvarendheid en vastberadenheid. We zullen ontdekken dat onze taken veel eenvoudiger zijn dan we dachten en zoveel plezier hebben dat we geen tegenspoed ervaren. In tegenstelling tot wat vaak wordt gedacht, kan toewijding ons vrijmaken. Zelfs de eenvoudigste taken kunnen ons tot een goddelijk niveau verheffen als we dat toestaan. U kunt uzelf zien als een mestkever die een mestballetje over de grond rolt, of als Khepri, die vol glorie, toewijding en spirituele doelbewustheid langs de hemel trekt.

Ondersteboven

Ligt deze steen ondersteboven, dan bent u de motiverende kracht in iemands leven. Misschien wil iemand net zo worden als u en is die bereid een carrière te volgen, zich op een spirituele reis of een persoonlijke odyssee te begeven om een zelfde positie of status te bereiken als u. Het kan ook zijn dat iemand zoveel van u houdt dat die bereid is persoonlijk of in zijn carrière te veranderen om u een beter leven, meer praktische hulp of meer liefde en steun te kunnen bieden. Misschien moedigt u anderen actief aan, of misschien hoeft u alleen maar uzelf te zijn om het brandpunt te zijn waarop zij zich kunnen richten om hun leven ten goede te veranderen.

Khepri die ondersteboven ligt, duidt ook op een baan of spirituele rol waarin u andere mensen motiveert. Misschien onderwijst u waardevolle vaardigheden, leidt u een team of geeft u anderen opdracht een dienst aan te bieden. Uw sturende invloed brengt voor alle betrokkenen voordeel mee. Als u anderen motiveert met behulp van liefde in plaats van angst, zal hun trouw aan u groter en hun toewijding blijvend zijn en zullen ze sneller vorderingen maken. U zult vele malen beloond worden en liefde terug ontvangen die u spirituele vervulling zal schenken.

Kenmerken

Vertegenwoordigt deze steen een persoon in uw leven, dan is die onafhankelijk, doelbewust en sterk. Hij zal op het eerste gezicht misschien niet opvallen, maar als hij zijn werk doet of zijn rol in de gemeenschap vervult, zal hij onvermijdelijk het middelpunt van de belangstelling worden. Hij zal gezien worden als een van de werkelijk bijzondere zielen die ons allemaal goed doen door hun toewijding en simpele zuiverheid. Als hij vanuit zijn onderliggende doel handelt, neemt zijn charisma alleen maar toe en wordt hij de motiverende kracht voor iedereen in zijn omgeving. In de westerse astrologie passen de eigenschappen van Khepri het beste bij de tekens Steenbok en Leeuw.

Meditatie

Sluit uw ogen, adem diep in en ontspan u. Stel u voor dat u uw dagelijkse bezigheden afhandelt: naar het werk reizen, de afwas doen, het huis schoonmaken, de rekeningen betalen, de telefoon opnemen; alle gewone taken die deel uitmaken van de zorg voor uzelf en uw gezin. Stel u elke taak als iets heel bijzonders voor. Elke taak wordt een gezegende taak.

Zie uzelf omringd door licht dat de schoonheid van alles wat u doet versterkt. Visualiseer dat u extra energie hebt om uw taken efficiënt en met plezier uit te voeren, en u tijd overhoudt voor uzelf. Denk bij het afsluiten van deze meditatie aan iets praktisch dat u kunt doen om een dagelijkse bezigheid tot iets bijzonders te maken. U kunt een bad nemen of dineren bij kaarslicht, of iemand uw liefde betuigen, of een van de ontelbare simpele dingen die een gewoon moment tot iets goddelijks kunnen maken.

POSITIEVE GEDACHTEN

Mijn leven wordt steeds gemakkelijker.
Ik kan mezelf gemakkelijk motiveren.
Mijn spirituele doelbewustheid leidt mij.
Mijn oprechte toewijding brengt mij glorie en erkenning.
Mijn betrokkenheid wordt overvloedig beloond.
Ik zit vol vuur en inspiratie.
Het leven is simpel en eenvoudig.

ANAT

Krijgsgodin

— Moed —

— Onbevreesdheid —

— Vitaliteit —

— Seksualiteit —

De godin Anat stamde van de Syrische kust en haar invloed strekte zich uit tot in Egypte. Ze wordt afgebeeld met een hoge kroon met veren en draagt het schild, de lans en de strijdbijl. De hiëroglief van de onderarm met stok op haar steen symboliseert kracht en actie. Volgens sommige legendes was Anat een van de vrouwen van Seth, andere schilderen haar af als de zuster en seksuele partner van Baal, god van de storm. Ze werd gezien als een beschermster en had de moed en vastberadenheid van een engel der wrake. Ze werd ook beschouwd als een vruchtbaarheidsgodin en was in dat aspect verbonden met de vruchtbaarheidsgod Min. Haar band met het bloed des levens duidt op haar vermogen voorspoed te brengen over het land en de volken die haar vereerden. Haar kleur is rood.

Anat de buitenstaander

Anat was een van de vreemde goden wier invloed zich tot op Egyptisch gebied uitstrekte. Ze was vooral een vruchtbaarheidsgodin die de dauw zou sprenkelen en zoetwaterbronnen zou maken. Samen met haar broer en gade Baal werd ze afgeschilderd als een bloeddorstige godin met een voorliefde voor het gevecht.

Anats cultus breidde zich uit tot over de Egyptische grenzen, won aan populariteit en werd uiteindelijk actief gepropageerd. Samen met Baal en hun zuster Astarte kreeg Anat een plaats in het Egyptische pantheon. In de strijd tussen Seth en Horus om de troon van Egypte werden Anat en Astarte als echtgenotes aan Seth aangeboden om de god van chaos te kalmeren toen het besluit in zijn nadeel uitviel. Ze vervingen Nephthys, Seths oorspronkelijke gade die hem verliet uit loyaliteit jegens hun vermoorde broer Osiris. Anat werd ook geassocieerd met de godin Hathor, die vaak in verband werd gebracht met godheden uit den vreemde en die ook wraakzuchtige, bloeddorstige karaktertrekken had, al waren die vaak wat gematigder.

Anat de krijger

De volken van de oude wereld hadden behoefte aan krijgsgoden en -godinnen. De verovering van nieuwe gebieden en de geschillen tussen de heersers van opkomende naties vormden een belangrijk onderdeel van het proces van beschaving. De autochtone Egyptische goden zouden de hand hebben gehad in het succes van de veldtochten in naburige landen; het adopteren van krijgsgoden uit andere streken zal dan ook niet zo vreemd zijn geweest in de Egyptische cultuur en godsdienst. Het is niet vreemd dat de zorgen van diverse oude volken, vooral wanneer die zich geografisch dicht bij elkaar bevonden, veel op elkaar leken. De symboliek van goden en godinnen was onverbrekelijk verbonden met de behoefte te overleven en de krachten van de natuur te verklaren.

Anat, Astarte en Baal

Anat vertoonde enige gelijkenis met haar zuster Astarte, een godheid van zowel liefde als oorlog. De beide godinnen bezaten een grote hartstocht die zowel nieuw leven als vernietiging kon brengen. Ze waren de belichaming van de rauwe energie van de schepping en de evolutie, een kracht die onstabiel kan zijn als hij niet goed gestuurd wordt. Astarte werd geassocieerd met strijdwagens, paarden en het verwerven van rijvaardigheid.

Baal was een god van de lucht en storm. Misschien is het de associatie met storm en donder die tot vergelijkingen tussen Baal en Seth leidt. Het verhaal van Baal heeft echter wel wat weg van de legende van Osiris. Toen Baal werd vermoord door Mot, een god die voor dood en onvruchtbaarheid stond, was Anat degene die hem weer tot leven bracht en wraak nam door zijn moordenaar te doden. In een voortdurende cyclus van dood en wedergeboorte zou een overwinning van Baal een periode van vruchtbaarheid aankondigen, terwijl een overwinning van Mot droogte en honger zou inluiden.

ANAT IN EEN LEZING

Rechtop

Als u deze steen hebt gekozen, is dit het moment om op te komen voor uw rechten, uzelf te propageren en onbevreesd nieuwe plannen uit te voeren of uw territorium te verdedigen. De leer van Anat is geen leer van compromissen of diplomatie, maar van het constructief benutten van agressieve energie. Als u te passief bent geworden in de verdediging van wat u rechtmatig toekomt, dan is het nu tijd om uzelf aan te vuren en te zorgen dat uw stem gehoord wordt. Als u de moed hebt hem te gebruiken kan uw hartstocht bergen verzetten, campagnes winnen en een krachtig, positief effect hebben op uw invloed. Als u uw hartstocht en de kracht daarvan vreest, ontkent en onderdrukt, dan zullen anderen uw grenzen binnentrekken en uw leven en uw heiligdom verstoren. Ook kan uw hartstocht in u aanzwellen tot vernietigende agressie die op ongepaste manieren naar buiten komt wanneer de druk te groot wordt.

Wilt u dat uw stem gehoord wordt, dan moet u leren hem te gebruiken. Door u duidelijk en assertief uit te drukken en eerlijk te zijn over uw bedoelingen, geeft u andere mensen de informatie die ze nodig hebben om constructief op uw wensen te reageren. Als u uw stem op een positieve manier gebruikt en anderen weet te inspireren en te stimuleren met uw hartstochtelijke enthousiasme, dan zal die u de kracht geven om dingen te veranderen in deze wereld. Uw ideeën en opvattingen zijn waardevol; doe uw best om ze volledig en eerlijk te uiten.

Anat luidt een periode in van kracht, energie en directe, positieve actie. Gebruik die constructief; dan kan dit een zeer succesvolle periode zijn als u de energie hebt die nodig is om uw leven weer in gang te zetten. U voelt de drang om er in uw eentje op uit te gaan en uw leven tot een heerlijk avontuur te maken. Dit is een goede periode om te sporten, om uw overdaad aan energie te besteden aan dans, sport of een nieuw fitnessprogramma. Wat u ook gaat doen, vertrouw op uw hartstocht; die zal uw creativiteit doen ontwaken, zorgen dat u contact houdt met uw goddelijke doel en u het gevoel geven te leven.

Ondersteboven

Ligt deze steen ondersteboven, dan helpt u wellicht anderen om direct en hartstochtelijk actie te ondernemen. Misschien spoort uw enthousiasme hen aan een risico te nemen dat hun leven ten goede zal veranderen; of misschien herinnert de kracht van uw stem hen eraan dat ook zij een krachtige stem hebben. Pas echter wel op dat u niemand onder druk zet om iets te doen wat hij niet wil. Dringt u er te veel op aan dat iemand verandert, dan is het misschien zinvol te bedenken wat uw motieven zijn. Misschien bent u degene die iets in zijn leven moet veranderen.

Al uw relaties zullen in deze periode vruchtbaar en creatief zijn. U vuurt andere mensen aan en zij op hun beurt lijken uw hartstocht en enthousiasme te stimuleren. Denk er wel aan dat u die energie constructief gebruikt. Zij is er om obstakels uit uw leven te verwijderen en u weer op gang te brengen; niet om zinloze conflicten aan te wakkeren of anderen aan u te onderwerpen. Bedenk dat een constructief gebruik van hartstocht een prachtig geschenk van liefde is, dat u aan uzelf of anderen kunt geven.

Kenmerken

Vertegenwoordigt deze steen een persoon in uw leven, dan heeft die een zeer krachtige persoonlijkheid. Hij kan uit een ander land komen of connecties hebben met andere delen van de wereld. Het kan ook een vreemde in uw leven zijn die misschien van buiten uw normale kringetje of invloedssfeer komt. Zijn energie en vitaliteit lijken aanvankelijk misschien schokkend of radicaal, maar hij zal uw wensen, rechten en dromen trouw steunen. Deze man of vrouw kan een sterke bondgenoot worden. De eigenschappen van Anat passen het beste bij het teken Ram in de westerse astrologie.

Meditatie

Sluit uw ogen, adem diep in en ontspan u. Zie hoe u, gewapend met het schild en de lans van Anat, uw heilige territorium afbakent. Zie uzelf op rijke, vruchtbare grond staan terwijl u met de punt van de lans een wijde cirkel om u heen trekt. Vraag Anat u te zegenen met haar bescherming en ervoor te zorgen dat u veilig bent in uw heiligdom. Weet dat dit heiligdom niet plaatsgebonden is; het reist overal met u mee.

Stel u verder voor dat het schild u de kracht geeft uzelf te beschermen wanneer u zich kwetsbaar of onzeker voelt. Bedenk dat u zich altijd kunt afschermen op manieren die voor alle betrokkenen positief en constructief zijn.

Stel u hierna voor dat de energie van uw levenskracht groeit. Zie hoe u uw hartstochtelijke energie benut om de vreugde, vrijheid, gezondheid en opgewektheid te creëren die u verdient. Weet dat u die energie kunt steken in de projecten, relaties en ervaringen die u het meeste geluk zullen brengen.

POSITIEVE GEDACHTEN

Ik ben veilig met mijn hartstocht.
Ik kan veilig voor mezelf opkomen.
Mijn hartstocht maakt mij bewust van de kracht en vreugde van het leven.
Mijn enthousiasme levert mij vrienden en veel beloningen op.
Ik kan het gemakkelijk voor mezelf opnemen.
Ik geef effectief uiting aan mijn behoeften en verlangens.
Ik eis mijn heiligdom op.

MIN

God van de vruchtbaarheid

— Seksualiteit —

— Vruchtbaarheid —

— Vernieuwing —

— Regeneratie —

De god Min vertegenwoordigt seksuele voortplanting. Zijn vruchtbaarheid en schaamteloze seksuele kracht worden vaak weergegeven door hem af te beelden met een recht naar voren gerichte fallus. Hij beschermde de oostelijke woestijn en wordt soms afgebeeld met een zweep in zijn opgeheven rechterarm, klaar om zijn vijanden te vernietigen. Op zijn hoofd draagt hij een kroon van twee hoge veren en een lang, neerhangend lint. Min vertoont enige gelijkenis met de Griekse god Pan en was wellicht diens voorloper. Net als Pan is hij een natuurgeest die de vruchtbaarheid van de aarde en de vrije seksualiteit van alle levende wezens huldigt. Hij wordt geassocieerd met vruchtbare vegetatie en donder. De kleuren van Min zijn oranje, geel en groen.

Seksualiteit en vruchtbaarheid

Min is de belichaming van seksualiteit en vruchtbaarheid. Zijn opgerichte fallus staat voor de menselijke seksualiteit, maar ook voor de overvloedige vruchtbaarheid in de natuur. Min werd oorspronkelijk vereerd als een fetisj in de vorm van een gekartelde pijl. Die fetisj kan symbolisch zijn geweest voor in geslachtsgemeenschap verenigde mannelijke en vrouwelijke organen, maar wordt ook wel geïnterpreteerd als een bliksemschicht. Dat beeld ontwikkelde zich tot een embleem waarvan men meende dat het, verwerkt in het ontwerp en de versiering van andere voorwerpen, de god vertegenwoordigde.

In eerdere verhalen was Min verbonden met de seksualiteit en voortplanting van dieren, maar later werd hij meer geassocieerd met de vruchtbaarheid van planten. Men bood Min bloemen aan in de hoop dat hij de Nijlvallei een rijke oogst zou schenken. Sla werd de heilige plant van Min. Het werd gezien als een afrodisiacum en zou de seksuele prestaties van de vruchtbaarheidsgod sterk verbeteren. Bij feesten en festivals ter ere van Min droegen zijn priesters een soort lange sla, die ook vaak te zien was op afbeeldingen van de god. Die associatie met sla was wellicht te wijten aan het sap dat eruitkwam; dat leek op menselijk sperma.

God van het oosten

Men geloofde dat Min de mijnstreek in de oostelijke woestijn beschermde; misschien werd hij daarom geassocieerd met de god Horus, die verbonden was met de oostelijke delta en de route naar Palestina. Sommige tradities voegden hen samen tot Min-Horus en door associatie werd Isis gezien als de moeder van Min. Min heeft overigens wel wat van Horus, die als god ook verbonden was met vruchtbare vegetatie en soms wordt Min genoemd in de rol van Osiris als echtgenoot van Isis en vader van Horus.

Min beschermde de mijnwerkers. Een van zijn heilige plaatsen was Quift, een kleine plaats en vaste halteplaats voor de mijnbouwexpedities in de oostelijke woestijn. Hij was een god van de wegen, die voor iedereen zorgde die door de woestijn reisde en net als Horus was hij ook een 'heer van vreemde landen'. Zijn cultus lijkt behoorlijk goed georganiseerd te zijn geweest. Hij werd op diverse plaatsen vereerd en in Akhmim stond een tempel ter ere van hem. De Grieken, die hem met hun god Pan associeerden, noemden die plek 'Panopolis'.

Mannelijk en vrouwelijk

Hoewel Min heel duidelijk werd afgebeeld als een mannelijke god, waren de kenmerken van seksualiteit en vruchtbaarheid die hij belichaamde zowel mannelijk als vrouwelijk. Net als Pan en andere natuurgoden huldigde hij de seksuele macht in alle levende wezens, dus ook in het vrouwelijke principe. Pas later, in patriarchale godsdiensten, werd de godin onderworpen en onderdrukt. In het oude Egypte was de macht van de godin bijzonder groot en niet alleen vertegenwoordigd door prominente godinnen, maar ook door goden, die het gecombineerd mannelijk en vrouwelijk scheppend principe omhelsden.

MIN IN EEN LEZING

Rechtop

Als u deze steen hebt gekozen, dan is de tijd daar om te genieten van de seksuele kracht van uw lichaam en de transformerende kracht van uw geest. U kunt gerust alle zorgen of beperkingen die u uzelf de laatste tijd hebt opgelegd laten vallen en uzelf een aantal momenten van ongeremd plezier en vermaak gunnen. Dit is een periode om feest te vieren, te genieten, lief te hebben en de liefde te bedrijven. Bedenk dat het goed is om te leven en laat alle angst of schuldgevoelens die uw plezier zouden kunnen bederven, varen. Uw lichaam is bijzonder. Het hoeft niet overeen te komen met moderne stereotypen van schoonheid en begeerlijkheid om u genoegen te verschaffen en uw gezondheid en welzijn te steunen. Als u van uw lichaam houdt en het accepteert zoals het is en uw best doet het goed te verzorgen, zal het daarop antwoorden met een verbeterde gezondheid en energie en een groter vermogen tot sensuele extase.

Dit kan het moment zijn om een nieuwe geliefde te nemen of de sensuele en emotionele hartstocht aan te wakkeren die nog smeult in een bestaande relatie. Houd voldoende van uzelf om uw seksuele en emotionele behoeften te tonen en luister zo goed mogelijk naar de behoeften van uw partner. Goede seksuele communicatie vraagt wat oefening, maar is een essentieel onderdeel van de liefde in dit tijdperk van veiliger seks. Houd voldoende van uzelf en uw partner om veilig te kunnen spelen. De intimiteit die voortkomt uit eerlijkheid en wederzijdse bezorgdheid kan tot nieuwe seksuele vrijheid en grotere hoogtepunten van hartstocht leiden.

De steen van Min luidt een tijd in van spirituele alchemie waarin genieten van het leven het belangrijkste onderdeel van uw spirituele ontwikkeling vormt. Bemin, lach, leef en leer volop. Plezier is de beste leermeester. Misschien bent u zelf wel de nieuwe geliefde in uw leven. Wellicht voelt u zich zo goed in uw lichaam en in uw leven dat het sensuele genoegen dat u ervaart, voortkomt uit het pure genot uzelf te zijn. U wilt misschien bewegen, dansen, zingen, u optutten of uw lichaam verwennen. Doe het allemaal. Het leven hoort een vakantie te zijn!

Ondersteboven

Ligt deze steen ondersteboven, wees er dan op bedacht dat u de seksualiteit of seksuele interesse van iemand anders wekt. Dat wil niet direct zeggen dat u het middelpunt van ongewenste aandacht wordt. Het duidt er veeleer op dat u in staat bent anderen te stimuleren zich hun seksuele, sensuele of spirituele aard te herinneren en hun aan te moedigen van het leven te genieten.

Het kan ook zijn dat u een project of een relatie tussen twee anderen die uitgeblust leek, nieuw leven inblaast. U zou kunnen helpen het geld, de energie, het advies of de praktische hulp te bieden om de zaken weer op de rails te kunnen zetten. Uw voorbeeld brengt anderen wellicht tot het besef dat er nog dingen zijn die het waard zijn om voor te werken en dat er altijd wat te vieren valt. De dood van een creatieve fase laat altijd het zaad na voor regeneratie en een proces van wedergeboorte. Uw woorden, daden en bedoelingen kunnen de braakliggende grond stimuleren, zodat anderen dat zaad kunnen laten ontkiemen, het nieuwe gewas kunnen koesteren en de vruchten van eerdere inspanningen kunnen plukken.

Kenmerken

Vertegenwoordigt deze steen een persoon in uw leven, dan is die leuk, flirterig en meer dan een beetje verleidelijk. Die persoon kan blijk geven van intense, krachtige emoties en lijkt volstrekt geen last te hebben van twijfel aan zichzelf. Het kan iemand zijn die pas is teruggekeerd in het leven na een periode van inactiviteit of afzondering en die wil genieten van zijn herwonnen energie en vitaliteit. De door Min benadrukte karaktertrekken passen bij het teken Schorpioen in de westerse astrologie.

Meditatie

Sluit uw ogen, adem diep in en ontspan u. Zie uw lichaam voor u en stel u voor dat er een spiraal van oranjerood licht uit uw lendenen omhoogkringelt naar uw navel. Zie bij elke ademteug het licht feller worden en de spiraal met grotere energie en daadkracht omhoogkringelen.

Na een poosje vermenigvuldigt de spiraal zich en draaien nieuwe spiralen vanaf uw navel naar boven en naar de diverse delen van uw lichaam. Ze brengen overal helende energie, vitaliteit en nieuw leven. Voor uw geestesoog worden de spiralen een veelheid van heldere kleuren die helpen u te regenereren en te verjongen. Daarbij blazen ze uw seksuele kracht op een veilige manier nieuw leven in en geven ze u de energie om uw leven ten goede te veranderen.

Stel u voor dat deze spiralen van licht het zaad van spirituele ontwikkeling in elke lichaamscel zaaien en u de energie geven om het zaad te laten groeien en zich te laten vermenigvuldigen.

～ POSITIEVE GEDACHTEN ～

Ik ben veilig met mijn seksualiteit.
Ik geniet van de sensualiteit van mijn lichaam.
Mijn leven is vervuld van liefde en plezier.
Ik houd van mijn lichaam en accepteer het.
Ik sta mezelf toe plezier te hebben.
Mijn geest is voortdurend in ontwikkeling.
Ik leef, bemin, leer en groei.

HEKET

Kikvorsgodin

— Geboorte —

— Verloskunde —

— Bezieling —

— Thuisbasis —

De godin Heket was de goddelijke vroedvrouw van het oude Egypte, de beschermvrouwe van nieuw leven. Ze werd vaak afgebeeld als een kikvors of een vrouw met een kikvorskop. Heket werd vaak aangeroepen om bescherming te bieden tijdens de geboorte, of om het gezin en de woning te beschermen en te verdedigen. Vrouwen droegen tijdens de bevalling vaak een amulet of scarabee met haar beeltenis om hen te beschermen en verlichting te brengen. Aangenomen werd dat Heket het ongeboren kind het eerste levensteken of de bezieling inblies en dat ze de laatste fase van de bevalling bespoedigde. Vroedvrouwen kregen de titel 'dienares van Heket' ter ere van hun werk. De kleuren van Heket zijn groen en roze.

De schepping van leven

Heket werd vaak gezien als een van de goden en godinnen die het ongeboren kind in de baarmoeder zijn vorm gaven. Volgens sommige bronnen zou ze de vrouwelijke tegenhanger zijn van de ramsgod Khnum, die ongeboren kinderen boetseerde op zijn pottenbakkersschijf. Het is niet zo vreemd dat de kikvors geassocieerd werd met zwangerschap en bevalling. In de wateren en de stroomversnellingen van de Nijl waren in de paartijd beslist veel volwassen kikkers en kikkerdril te vinden. Aangezien de Egyptenaren geloofden dat het leven was voortgekomen uit de oerwateren van Nu en dat de Nijl daaruit ontsprong, was het water van de Nijl symbolisch voor nieuw leven, vooral ook omdat het van essentieel belang was voor de groei van de nieuwe gewassen en het voedsel van het Egyptische volk en hun vee. Het verband werd wellicht nog versterkt door het feit dat het vruchtwater vlak voor de bevalling brak. Kinderen kwamen net als kikkers uit het water.

Heket de vroedvrouw

Zodra het ongeboren kind in de baarmoeder was gevormd en klaar was om de wereld te betreden, was het Hekets taak om over de geboorte te waken. Zij was de goddelijke vroedvrouw die moeder en kind tijdens de bevalling beschermde. Ze zou het geboorteproces versnellen, vooral in de laatste fase, en kon de pijn voor de moeder wat verlichten. Heket had de macht leven te schenken en kon de komst voor het nieuwe kind gemakkelijker maken.

Heket was een primitieve godin. Ze werd soms beschreven als de dochter van Re, en zou samen met de luchtgod Shu uit zijn mond geboren zijn. Ze zou samen met andere godheden als vroedvrouw waken over de dagelijkse geboorte van de zon.

Heket was de beschermvrouwe van sterfelijke vroedvrouwen en men dacht dat de vrouwen die die belangrijke rol vervulden bij haar in dienst waren. Sommigen hadden de naam of het symbool van de kikvorsgodin in de spullen gekerfd die ze bij zich droegen.

De symboliek van de kikvors

De beeltenis van Heket werd een krachtige beschermingstotem. Zwangere vrouwen in het oude Egypte droegen vaak een amulet of scarabee met de afbeelding van een kikker. Die schonk hen de heilige bescherming van de godin en hielp hen zich tijdens de zwangerschap en bevalling onder haar hoede te stellen.

Heket beschermde ook de thuisbasis. In het Middenrijk werden magische messen met haar beeltenis gebruikt om de gezinseenheid te beschermen.

Kikkers zijn dieren die zich gemakkelijk aanpassen en succesvol geëvolueerd zijn om in veel verschillende omgevingen in de hele wereld te kunnen overleven. Wat dat betreft lijken ze op de mens.

In Midden-Amerikaanse tradities meende men dat de kikvors genezing bracht door negatieve energie weg te nemen en het kwaad af te weren.

Heket verdreef ook negatieve krachten om het nieuwe leven een veilige aankomst op de wereld te waarborgen.

HEKET IN EEN LEZING

Rechtop

Als u deze steen hebt gekozen, is dit het moment om te genieten van de bemoediging, steun en koestering van uw huiselijk leven. Concentreer u op familiezaken, een hechte band en intimiteit en op de warmte en zekerheid die een goed thuis kan bieden. Als uw huiselijk leven goed is, moedigt Heket u aan daarvan te genieten en actief bij te dragen aan de harmonie waarnaar u verlangt, of u uw woning nu deelt met uw ouders, uw partner, uw geliefde, uw kinderen of uw vrienden. Als uw huiselijk leven te wensen overlaat kan de invloed van Heket nieuwe impulsen geven die u zullen helpen oude conflicten op te lossen of een meer koesterende omgeving voor uzelf te scheppen. Dit is een goed moment om te verhuizen, reparaties uit te voeren, uw huis mooi af te werken of het comfort te verhogen.

Op een hoger niveau krijgt u de kans spiritueel tot uzelf te komen. Het kan goed zijn een poosje in alle rust en stilte te mediteren en na te denken. Misschien moet u uw activiteitenniveau tijdelijk wat terugdraaien, zodat u energie en aandacht kunt schenken aan de spirituele bezieling die in u plaatsvindt.

De steen van Heket luidt een tijd in van verwachting en geboorte. Als u erover denkt een kind, of nog een kind, te nemen, dan is deze steen nu een goede keus. Schenkt u het leven aan een nieuw creatief project, dan wordt u gezegend met de steun en toegewijde trouw van iemand in uw nabijheid. De goede wensen uit uw intieme kringetje zullen u helpen te slagen. Vergeet niet om hun steun te vragen als u die nodig hebt en bedank hen voor alle liefde en zorg die u ontvangt.

Ondersteboven

Ligt deze steen ondersteboven, dan bent u de vroedvrouw van iemand anders' zekerheid, stabiliteit en hernieuwde hoop. Misschien bent u fantastisch in het creëren van huiselijkheid en de bijzondere omgeving waarin anderen veilig kunnen leven en gedijen. De atmosfeer die u om u heen schept, samen met het fysieke comfort dat u biedt, geven de levens van anderen zin en betekenis. U biedt de mensen die u liefhebt een warme haard en een nog warmer hart en zij richten zich op u voor hun groei en ontwikkeling. Mensen die nog geen deel uitmaken van uw intieme kringetje, profiteren ook van uw medeleven omdat u ze op hun gemak stelt en ze zich bij u thuis voelen, ook al voelt u uzelf kwetsbaar.

U kunt uzelf ook omringd zien door verwachtingsvolle of bedrukte ouders die naar u opkijken voor steun en geruststelling nu ze voor de schepping van nieuw leven staan. Misschien krijgt u weldra een nieuw broertje of zusje, neefje of nichtje, petekind of kleinkind. U kunt zelfs de vroedvrouw, peter of meter van een nieuwe creatieve onderneming zijn waarbij jonge mensen betrokken zijn. Het kan inhouden dat u opkomt voor de rechten en behoeften van kinderen binnen uw gemeenschap. Misschien komen er jeugdherinneringen boven en krijgt u de kans het kind in u te helen en de angsten of kinderlijke onzekerheden die anderen nog steeds voelen te verlichten.

Kenmerken

Vertegenwoordigt deze steen een persoon in uw leven, dan is die teder en praktisch. Hij stelt zich zeer beschermend op en wil voor iedereen het beste. Hij zou een medicus kunnen zijn of iemand die met kinderverzorging of onderwijs te maken heeft. Hij beschikt over een natuurlijke wijsheid en vaak over goede adviserende vaardigheden of genezende handen. Hij creëert wellicht ook een huiselijke sfeer. Zijn begeleiding van anderen is gebaseerd op eigen ervaring en instinct.

In de westerse astrologie passen de eigenschappen van Heket het beste bij de tekens Kreeft en Maagd.

Meditatie

Sluit uw ogen, adem diep in en ontspan u. Verzeker u ervan dat uw omgeving warm en vredig is en ga er lekker bij zitten. Stel u voor hoe u vlak voor uw geboorte geweest moet zijn en praat tegen de ongeboren baby die u ooit was. Vertel uzelf dat het veilig is te leven, steun uw innerlijke baby en stel hem gerust. Prijs uzelf en noem zo veel mogelijk van uw positieve eigenschappen. Schenk uw innerlijke baby de eigenschappen die u vanaf nu zou willen ontwikkelen: grotere gezondheid, kracht, wijsheid of schoonheid misschien, of allerlei andere kenmerken en talenten. Zie uzelf als een volwassene, die in deze eigenschappen groeit en ze met gemak tot uiting brengt. Visualiseer hoe uw innerlijke baby opnieuw wordt geboren: vredig, comfortabel en met alle bescherming die hij nodig heeft. De geest van Heket leidt uw wedergeboorte en verwelkomt u in deze wereld. Sluit deze meditatie rustig af.

POSITIEVE GEDACHTEN

Ik ben mijn eigen genezer en adviseur.
Mijn intuïtie groeit en ontwikkelt zich met de dag.
Ik schenk leven aan nieuwe ideeën en inspiraties.
Ik vertrouw erop dat mijn instincten me naar het opperste geluk leiden.
Ik versnel mijn spirituele groei en ontwikkeling met gemak.
Het is veilig voor me om nieuwe dingen in deze wereld te brengen.
Ik ben flexibel en sterk.

APIS

Stiergod

— Macht —

— Verkondiging —

— Boodschappen —

— Bescherming —

De god Apis was een levende godheid. Hij werd vertegenwoordigd door een aantal levende stieren, die speciaal uit de kudde werden gekozen en voor ceremoniële doelen werden versierd. Apis werd gezien als de manifestatie van de schepper-god Ptah en werd vereerd als de scheppingsenergie. Hij werd vaak de zoon van Ptah genoemd en als zijn heraut of boodschapper beschouwd. Apis wordt vaak afgebeeld met een zonneschijf of maanschijf tussen zijn horens en met de 'Uraeus', het cobra-embleem van het vorstenhuis. Apis draagt vaak de vleugels van de giergodin beschermend over zijn rug. De haren van zijn staart zijn vaak in tweeën verdeeld en gevlochten, misschien als symbool voor het dubbele koninkrijk Boven- en Beneden-Egypte. Zijn kleur is violet.

De heilige boodschapper

Apis was oorspronkelijk een symbool van vruchtbaarheid en werd later geassocieerd met de god Ptah. Beide godheden hadden hun cultuscentrum in Memphis, de politieke hoofdstad van het oude Egypte. Ptah, de schepper-god, zou andere goden en alle leven hebben geschapen. Zijn priesters beweerden dat hij zelfs Atum, de scheppergod van Heliopolis, had geschapen. Apis zou de levende manifestatie van Ptah zijn, of een heraut en bemiddelaar tussen de god en zijn sterfelijke vereerders. De Apis-stier was de fysieke vorm van de goddelijke scheppingsenergie; hij gaf de Egyptenaren iets om hun verering op te richten.

Geleidelijk ontwikkelde Apis meer eigenschappen en associaties. Hij werd verbonden met Osiris en ontwikkelde zich tot een begrafenisgod. Een Apis-stier zou na zijn dood worden opgenomen in de persoonlijkheid van Osiris en de gecombineerde godheid Osiris-Apis worden. Vreemd genoeg is het Isis, vrouw en zuster van Osiris, die meestal de moeder van de heilige stier wordt genoemd.

Het leven van een Apis-stier

De levende Apis-stier werd uit de kudde gekozen om zijn tekening en kenmerken. Apis zou zijn verwekt door een bliksemschicht; de Apis-stier was dan ook altijd volstrekt zwart, afgezien van een driehoekig wit vlekje voor op zijn kop en een vlekje in de vorm van een maansikkel op zijn flank. Hij had een ceremoniële rol, maakte zijn opwachting op de festivals in Memphis en kreeg de aandacht die normaal alleen voor het koningshuis was weggelegd. Een Apis-stier leefde gemiddeld veertien jaar en zijn dood was een ceremoniële gebeurtenis met landelijke rouw en rituele balseming. Apis-stieren werden, volgehangen met juwelen, begraven in speciale graftomben in de dodenstad in de woestijn bij Memphis.

Ook wordt soms wel gezegd dat Apis verwekt zou zijn door Ptah, die de vorm aannam van een hemels vuur en een maagdelijke vaars zwanger maakte. Het zwarte stierkalf dat daaruit geboren werd, zou een reïncarnatie van Ptah zelf zijn en was voor de priesters van Memphis – behalve aan de eerder genoemde witte vlekken – te herkennen aan het mystieke teken van een scarabee op zijn tong. Het beeld van een scarabee verbond Apis met de zonnegod.

Men meende dat de bewegingen en het gedrag van een Apis-stier van grote religieuze en spirituele betekenis waren. Zijn daden werden vaak als voortekenen geïnterpreteerd. Zijn belangstelling voor een voedseloffer zou zelfs duiden op toekomstig leven en welzijn, terwijl duidelijke desinteresse een voortijdige dood kon voorspellen.

Heilige stieren van Egypte

Apis is de bekendste heilige stier van Egypte, maar er werden in meer cultuscentra stieren vereerd en ook andere goden dan Ptah werden met stieren geassocieerd. In Heliopolis werd de voor Re-Atum heilige stier Merwer of Mnevis genoemd. Merwer werd op soortgelijke wijze als Apis gezien als een boodschapper van zijn voornaamste god, de zonnegod.

APIS IN EEN LEZING

Rechtop

Als u deze steen hebt gekozen, stuurt de wereld u berichten van macht. Alles wat u doet, ziet en ervaart, moedigt u aan uw eigen macht te erkennen en leert u die macht ten goede van alle betrokkenen te gebruiken. Dit is geen abstract idee van macht; eerder het vermogen uw energie op tastbare wijze te benutten. Uw macht kan een praktische, fysieke invloed hebben op de wereld om u heen en gebeurtenissen die zich nu voordoen, bieden u de mogelijkheid hem te gebruiken. Dit is macht die tot uiting komt; hij kan de loop van uw leven ten goede veranderen en u helpen uw speciale gaven en talenten te bewijzen. Benut deze goddelijke mogelijkheid om een periode van fysieke vooruitgang en materieel succes te creëren. Geniet van de sensualiteit van het leven.

De steen van Apis luidt een tijd in waarin we de overtuigingen, gewoonten en gedragspatronen die onze mogelijkheden beperken, kunnen laten vallen. Sommigen van ons zijn bang voor macht, omdat we hebben gezien hoe die op nationaal en internationaal niveau, binnen de familie en op de werkplek misbruikt werd. Dat is echter geen ware macht, maar het manipuleren van gezag en positie. Ware macht ervaren we wanneer ons lichaam, onze geest en emoties op één lijn liggen met onze spirituele kern. Het is een juist gebruik van onze levenskracht die zich voordoet wanneer we aan ons spiritueel doel beantwoorden en een nieuw besef hebben verworven van onze specifieke plaats in het grote geheel.

Een andere reden waarom we macht vrezen is misschien dat we hebben geleerd onszelf als klein en machteloos te zien. Machtig worden voelt aan alsof je je op onbekend terrein begeeft. Als we ideeën en gewoonten die onze macht beperken loslaten, zijn we tot grote veranderingen in staat. Negatief denken, verslaving aan nicotine, alcohol, andere drugs en overmatig eten, verdoven de zintuigen en maken ons los van onze ware aard. Door die gewoonten te veranderen winnen we aan kracht en gratie.

Ondersteboven

Ligt deze steen ondersteboven, dan is dit een tijd om de spirituele kern in anderen te erkennen en daarmee de band met uw eigen spirituele kern te herstellen. Wanneer we oordelen en vooroordelen uit onze gedachten bannen, zien we de ware schoonheid achter de maskers en de houding, het gedrag en de vermeende gebreken van anderen. Als we door het uiterlijk vertoon van anderen heenkijken en aandachtig naar hen luisteren, kunnen we bijzondere ontdekkingen doen. De boodschap achter de woorden die worden gesproken is belangrijker dan de woorden zelf.

Wanneer we anderen zien zoals ze werkelijk zijn, zijn we in staat diepgewortelde angsten opzij te zetten en ons vertrouwen in het leven te versterken. Probeer iedereen die u ontmoet te zien als een afzonderlijke vonk van de goddelijke schepping en houd uzelf voor dat ze hun best doen hun weg als mens te volgen met de kennis en het bewustzijn waarover ze momenteel beschikken. Dat kan aanvankelijk moeilijk zijn, maar het wordt vanzelf gemakkelijker. Door ook onszelf op die manier te zien, kunnen we onze gevoelens van onvolkomenheid en de negatieve ideeën die een voortdurend gebrek aan zelfwaardering veroorzaken, laten varen.

Kenmerken

Vertegenwoordigt deze steen een persoon in uw leven, dan is die vriendelijk, gemoedelijk en accepteert hij anderen gewoonlijk zoals ze zijn. Misschien heeft hij een boodschap voor u die uw persoonlijke ontwikkeling zal stimuleren. Misschien ook vertelt hij anderen over uw successen en positieve eigenschappen, zodat uw reputatie u voorgaat. Dit is een sterk, fysiek en emotioneel persoon. Hij biedt de mensen om hem heen veiligheid, stabiliteit en zekerheid. In de westerse astrologie passen de eigenschappen van Apis het beste bij het teken Stier.

Meditatie

Sluit uw ogen, adem diep in en ontspan u. Zie uzelf precies zoals u nu bent. Zie de positie van uw armen, benen, hoofd en ruggengraat. Stel u dan een ander beeld van uw lichaam voor, over het andere heen; de positie is hetzelfde als bij het origineel, maar dit lichaam is groter. Samen vormen ze het dubbelbeeld van een lichaam in een lichaam. Het kleinere lichaam stelt uw fysieke omlijsting voor; het grotere is uw unieke spirituele macht.

Stel u voor dat uw fysieke lichaam groter wordt om het goddelijke doel, het hogere bewustzijn en de positieve, creatieve mogelijkheden van uw spirituele lichaam te kunnen omvatten; dat het groeit tot de beide beelden gelijk zijn en ze daarna weer de normale grootte krijgen.

Zie hoe u bezig bent met uw dagelijkse bezigheden, in staat uw persoonlijke macht aan te spreken en te gebruiken bij elke gedachte, elk gevoel en elke bezigheid. Uw macht heeft een positieve invloed op de wereld om u heen.

POSITIEVE GEDACHTEN

Ik sta mezelf toe naar mijn macht toe te groeien.
Ik bezie iedereen met liefde, aanvaarding en mededogen.
Ik zie gemakkelijk de goddelijke vonk in alles wat leeft.
Ik zie gemakkelijk de goddelijke vonk in mijzelf.
Ik benut mijn macht om een positieve, praktische invloed uit te oefenen.
Mijn wereld is gevuld met positieve boodschappen.
Ik ben veilig met mijn macht.

MERETSEGER

Liefhebber van stilte

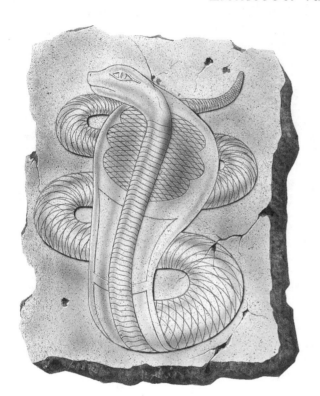

— Genade —

— Eerlijkheid —

— Respect —

— Afzondering —

De godin Meretseger is de cobragodin die zich zou ophouden op de berg die over het Dal der Koningen uitkijkt. Ze wordt vaak afgebeeld als een opgekrulde slang of een slang met een mensenhoofd en een arm die onder haar kap uitsteekt. We zien haar soms ook als een schorpioen met een vrouwenhoofd. Haar naam betekent 'zij die van stilte houdt' of 'geliefde van hem (Osiris) die stilte maakt' en aan haar werd vaak de bewaking van afgezonderde graftombes toevertrouwd. Meretseger is zowel genadig als potentieel gevaarlijk; ze zou genezing brengen voor hen die eerlijk en respectvol zijn, en vergelding voor hen die dat niet zijn. De kleur van de cobragodin is donkergroen.

Godin van de Piek

Dicht bij het Dal der Koningen is een berg die 'Vrouwe van de Piek' wordt genoemd. Dit deel van westelijk Thebe is het domein van Meretseger, de beschermgodin van het gebied. De cobragodin zou zich op de berg ophouden, maar haar invloed breidde zich tijdens het Nieuwe Rijk tot over de hele Thebaanse necropolis uit.

Meretseger bewaakte afgelegen koningstombes. Ze was een stille aanwezige, die onverlaten kon straffen met vergif en fysieke kwellingen, maar zich goedaardig en genadig kon tonen jegens hen die met een eerlijk hart kwamen. Haar wraak kon doden, maar haar genade bracht wonderbaarlijke genezingen teweeg. Vooral de arbeiders in de dodenstad eerden en vreesden haar. Wie een misdaad had begaan kon getroffen worden door haar giftige beten, of blind worden. Toch konden ook misdadigers op haar genade rekenen als ze berouw toonden.

De uraeus van Egypte

De cobra werd in het oude Egypte een koningssymbool. Het cobra-embleem of de 'Uraeus' is vaak te zien op de hoofden of kronen van koninklijke figuren. Het werd door Horus en Seth gedragen en ook in verband gebracht met de zonnegod Re. De cobra zou zich hebben opgericht, klaar om haar koning te verdedigen. Men meende dat de Uraeus vuur spuwde; haar vuur was de kus des doods voor de vijanden van de koning. Er is geen direct verband tussen Meretseger en de Uraeus, die veeleer wordt geassocieerd met een andere cobragodin, Wadjet. Wadjet was de cobragodin van Buto in de noordelijke Nijldelta. Ze zou de invloed van het koninklijk gezag in het noorden handhaven, en misschien werd Beneden-Egypte om die reden in de koninklijke symboliek vaak vertegenwoordigd door de Uraeus. Volgens sommige verhalen zou ze de vorm van een wraakzuchtige leeuwin aannemen met kenmerken die op die van de leeuwin Sakhmet leken.

De universele macht van de slang

De slang heeft overal een mystieke betekenis. Slangen worden gevreesd en vereerd, van de slang uit het paradijs tot de slang die het embleem vormt van het zesde jaar in de Chinese astrologische cyclus. In China dacht men dat slangen geluk brachten en mensen die in het jaar van de slang waren geboren zouden aantrekkelijk, sensueel en verleidelijk zijn. Veel culturen brachten de slang in verband met de cyclus van dood en wedergeboorte. De slang schudt haar huid af en komt daaruit te voorschijn met een frisse huid en kennelijk hernieuwde vitaliteit.

Slangen worden ook vaak geassocieerd met het element vuur. Ze zijn het vuur van het nieuwe leven dat in een voortdurende transformatiecyclus het oude opruimt en plaats maakt voor het nieuwe. In de Indische yogatraditie wordt de slang verbonden met het opwekken van de *Kundalini*, de energie van de levenskracht die van de basis van de wervelkolom naar boven zou stromen. De slang maakte ook deel uit van het embleem van Asclepius, een Griekse en Romeinse godheid die in verband werd gebracht met de geneeskunst.

MERETSEGER IN EEN LEZING

Rechtop

Als u deze steen hebt gekozen, dan is dit het moment om de balans van uw leven op te maken en uw motieven te bekijken voor u verdergaat. Het is belangrijk dat uw keuzes voortkomen uit respect voor uzelf en andere mensen. Als u zeker weet dat u met een eerlijk hart handelt en bereid bent uzelf te appreciëren, in plaats van u te laten onteren en uit te buiten, dan is het tijd om verder te gaan. Het is echter wel altijd de moeite waard enkele ogenblikken in stilte over alles na te denken. En als uw daden of bedoelingen iemand anders onteren en niet voortkomen uit respect en aanvaarding, stop dan nu meteen, denk nog eens heel goed na en verander van aanpak voordat u verdergaat. De bereidheid om eerlijk en integer te handelen is vaak al voldoende om uw weg te herleiden en de voortgang van zaken zo te veranderen dat ze meer voordeel en minder spanning opleveren.

De steen van Meretseger luidt een tijd in van goddelijke interventie. Plannen kunnen veranderen of vertraagd worden, maar bedenk voor u gefrustreerd raakt dat wat er gebeurt in uw voordeel is. Gaat een project niet door, laat het dan los en neem de tijd om naar uw innerlijke, intuïtieve stem te luisteren. Misschien gaan projecten niet door of worden ze uitgesteld opdat u nog eens over uw betrokkenheid kunt nadenken en uw toekomst opnieuw kunt uitstippelen. Ze zullen vervangen worden door iets wat beter aansluit bij uw behoeften of zich ontwikkelen tot iets innovatievers dan u had gedacht. Ook in relaties zal tijd nemen om na te denken tot onverwacht voordeel leiden en de communicatie en het wederzijds begrip verbeteren.

Stilte kan kracht geven. We vullen ons leven zo vaak met geluid en activiteit en verdrijven daarmee onze innerlijke stem en onderliggende gevoelens die ons anders zouden kunnen helen. Vrees de stilte niet; ze brengt liefde, geruststelling en vriendschap voor hen die willen luisteren.

Ondersteboven

Ligt deze steen ondersteboven, dan wordt u gevraagd om mededogen, genade en vergeving te betonen. Het heeft geen zin hard over anderen en hun daden te oordelen. Door te volharden in uw wrok of vast te houden aan misverstanden, vervuilt u alleen uw geest met beschuldigende gedachten en houdt u uw eigen vorderingen tegen. Wanneer we vergevingsgezind zijn, bevrijden we onszelf van die ketenen en van oude geloofs- en gedragspatronen, waardoor we in staat zijn gezondere relaties te ontwikkelen. Vergeven wil nog niet zeggen dat we onszelf weer moeten laten misbruiken of onteren. We hebben het recht duidelijke grenzen te stellen en nee te zeggen tegen relaties die niet gezond voor ons zijn. Het proces van vergeving vormt een essentieel onderdeel van de weg naar betere ervaringen.

Wees nu vergevingsgezind en genadig, dan zullen er talloze beloningen volgen. U zult meer mededogen en vergeving van anderen ontvangen wanneer u zelf moeilijke tijden doormaakt. U zult ook relaties aantrekken die gebouwd zijn op wederzijds respect en integriteit en u zult profiteren van helderheid en gemoedsrust.

Kenmerken

Vertegenwoordigt deze steen een persoon in uw leven, dan is die tolerant en vergevingsgezind. Hij zal blijk geven van mededogen met de vergissingen en het falen van anderen, maar stelt duidelijke grenzen en eist eerlijkheid en respect van zijn naaste metgezellen. Bij een oneerlijke behandeling of wanneer er misbruik van hem wordt gemaakt, kan zijn afkeuring bijtend zijn, maar verder is hij een toonbeeld van zachtheid. Deze persoon heeft een stille intensiteit; hij is subtiel en verleidelijk, eenvoudig in staat door uw verdediging heen te dringen en uw diepere gevoelens te beroeren. De eigenschappen van Meretseger passen bij de Schorpioen in de westerse astrologie.

Meditatie

Sluit uw ogen, adem diep in en ontspan u. Zie hoe u een berg op wandelt. Het is een steile helling, maar uw pad slingert, waardoor u gestaag door kunt klimmen. Naarmate u hoger komt, wordt uw geest helderder en vallen alle zorgen van u af. Zie hoe u de top, het domein van Meretseger, bereikt en stel u voor dat u wordt beschermd door de genade en het mededogen van de godin.

Stel u voor dat u neerkijkt op uw leven en een duidelijk zicht hebt op uw huidige situatie. U ziet uw relaties, uw gezondheid, uw carrière en uw spirituele ontwikkeling in een duidelijker, evenwichtiger perspectief. Stel uzelf vanaf dit uitkijkpunt de volgende vragen en handel naar uw instinctieve antwoorden: 'Wat is het meest vergevingsgezinde wat ik nu kan doen, denken of zeggen? Hoe kan ik mijn leven vervolgen met grotere eerlijkheid, respect en integriteit?'

POSITIEVE GEDACHTEN

Ik kan mezelf en anderen gemakkelijk vergeven.
Ik ben veilig in rust en stilte.
Ik kan goed naar mijn wijzere, innerlijke stem luisteren.
Ik geef en ontvang overal respect.
De waarheid beschermt mij, vergeving heelt mij.
Ik kan in alle veiligheid eerlijk zijn.
Ik overdenk mijn bedoelingen en stippel mijn toekomst opnieuw uit.

IMHOTEP

Heilige schrijver en architect

— Bestuur —

— Instructie —

— Vaardigheid —

— Vergoddelijking —

Imhotep was een levende, historische figuur die in hoog aanzien stond onder koning Djoser in de derde dynastie. Hij was grootvizier en bouwmeester. Hij had veel creatieve en besturende talenten; hij zou de uitvinder zijn van het bouwen met uitgesneden steen en een handboek hebben geschreven. Mogelijk was hij ook de architect van de trappiramide in Saqqara. Hij wordt vaak zittend afgebeeld met een papyrusrol op zijn schoot; de papyrusrol is ook zijn symbool op de steen. Vergoddelijking was een zeldzame eer voor een onderdaan van de farao's en nadat hij onsterfelijk was gemaakt, werd Imhotep de verpersoonlijking van de wijsheid van schrijvers en een god van creatieve, wetenschappelijke en bouwkundige vaardigheden. Zijn kleuren zijn oranje en gele tinten.

Van mens tot god

Het was in het oude Egypte zeldzaam dat een mens werd verheven tot onsterfelijkheid, tenzij hij van koninklijke bloede was. De rol van farao was een onsterfelijke rol, maar iemand met een mindere rol kon normaal gesproken niet verwachten tot de rangen van de goden te worden toegelaten. Hij of zij zou tevreden moeten zijn met een zekere mate van wereldse erkenning, roem en misschien een reputatie die na zijn of haar dood voortleefde.

Imhotep was een van de weinige hoge Egyptische functionarissen wier invloed op de Egyptische cultuur groot genoeg werd geacht om hem tot het niveau van een god te verheffen. Een andere vergoddelijkte sterfelijke was Amenhotep, zoon van Hapu, die minister was onder farao Amenhotep III. Net als Imhotep was hij schrijver en bouwmeester en werd hij vaak zittend afgebeeld met een papyrusrol in zijn handen. Hij werd echter minder sterk vereerd dan Imhotep en behaalde niet dezelfde graad van goddelijkheid.

Een god van beschaving

Imhotep was een godheid die veel van de nieuwe vaardigheden en kenmerken van beschaving belichaamde. Als architect en bouwmeester kan men hem beschouwen als representatief voor de bouwstenen van de beschaafde wereld. Egypte was immers de eerste grote natie. Het ontwikkelde zich van een verzameling regio's of provincies tot het dubbele koninkrijk van Boven- en Beneden-Egypte. Imhotep had ook nog de rol van vredestichter, die ook op beschaving duidt; het geeft blijk van een neiging tot vreedzame coëxistentie die zich tot de dag van vandaag verder heeft ontwikkeld. Ondanks een zekere mate van voortdurend conflict in de wereld, hebben veel volken de diplomatie en tolerantie ontwikkeld om als deel van een wereldgemeente samen te leven.

Imhotep belichaamde ook de vaardigheden van taal en technologie die zich tot de huidige wereldcommunicatiesystemen hebben ontwikkeld. Hij was de beschermheer van schrijvers en beschermde iedereen die zich bezighield met wetenschap en occulte zaken. Hij werd vaak afgebeeld met het kaalgeschoren hoofd van een priester en was ook de beschermheer van artsen. Dit doet vermoeden dat de medische wetenschap en de spirituele heling dezelfde oorsprong hebben. De kennis en vele vaardigheden van Imhotep waren in vroeger tijden misschien beschikbaar voor een ontwikkelde elite, maar zijn nu voor miljoenen mensen bereikbaar.

De triade van Memphis

Imhotep werd in de 'triade van Memphis' geadopteerd als de zoon van Ptah en Sakhmet (*zie blz. 9-10*). Zijn adoptie verdreef de god Nefertum als derde lid van dat goddelijke gezin. De schepper-god Ptah was een logische 'vader' voor Imhotep. Ze waren beiden goden van metselwerk en architectuur. Later lijkt de verering van Imhotep de aandacht die aan Ptah zelf werd geschonken te hebben overschaduwd. Het is duidelijk dat Imhotep als god veel van dezelfde eigenschappen is gaan vertegenwoordigen als de grote schepper-god van Memphis.

IMHOTEP IN EEN LEZING

Rechtop

Als u deze steen hebt gekozen, is de tijd daar om uw vaardigheden te verbeteren en uw leven en zaken efficiënt te gaan besturen. Vorderingen zijn te behalen door uw kunde te ontwikkelen en aan te scherpen, uw tijd effectiever in te delen of uw administratie bij te werken. Als u ambitieus bent of nog onvervulde aspiraties hebt, dan kunt u het beste leren uw werk zo grondig en efficiënt mogelijk te doen. Wat moet u leren om uw dromen te kunnen verwezenlijken? Hoe kunt u uw leven efficiënter organiseren om zo veel mogelijk succes of bevrediging te behalen met zo weinig mogelijk inspanning?

Imhotep brengt succes in carrière en in materiële zaken en in de ontwikkeling van de hogere rede en het intellect. Dat u deze steen hebt gekozen kan betekenen dat het tijd is op zoek te gaan naar een nieuwe baan, promotie te vragen of uw bevoegdheden uit te breiden. Uw vermogen om ordelijk en effectief het initiatief te nemen en vernieuwend te zijn, is gegroeid en ook uw verantwoordelijkheid moet groeien opdat u voldoende wordt gestimuleerd. Aan het thuisfront is dit een uitstekend moment om uw leven weer op te bouwen, te verhuizen of uw huidige bezit te renoveren.

De steen van Imhotep luidt een tijd in waarin u vrede zult hebben met uzelf en vrede om u heen zult creëren. U raakt wellicht betrokken bij een project dat de communicatie en het begrip in uw gemeenschap, uw familiekring of de wereld zal verbeteren. U helpt bruggen te bouwen tussen personen of organisaties en de fundamenten te leggen voor groei, verandering en ontwikkeling waarvan anderen profijt zullen hebben, ook na uw vertrek.

Ondersteboven

Ligt deze steen ondersteboven, dan is iemand anders wellicht de architect van uw geluk of zaken geworden. Misschien helpt een vriend, partner of collega u met effectief bestuur, zodat u zich kunt wijden aan de creatieve bezigheden waarvan u geniet. Zij zorgen wellicht voor de organisatie, representatie of structuur die u de kans geven te stralen. Het kan ook zijn dat iemand achter de schermen zijn best doet uw relaties te helen; vrede te stichten tussen u en een andere partij of een nieuw contact voor u te regelen dat u beiden voordeel zal opleveren.

Het is ook mogelijk dat u uw ambities waarmaakt of u spiritueel ontwikkelt door u met de ontwikkeling van iemand anders bezig te houden. Misschien brengt de expertise van een partner, een geliefde, een kind of een collega een nieuw niveau van voorspoed of invloed met zich mee waarvan u profijt hebt. U neemt wellicht een ondersteunende rol aan wanneer iemand in uw nabijheid zijn of haar carrière ontwikkelt of tijd vrijmaakt om iets nieuws te leren. Hun ontwikkeling betekent ook voor u vooruitgang en uw toewijding brengt een spirituele beloning met zich mee. Zorg wel dat u uw eigen doel of identiteit niet uit het oog verliest. Anderen helpen kan uw spirituele groei versnellen, maar volledig voor een ander leven kan uw ontwikkeling sterk belemmeren.

Kenmerken

Vertegenwoordigt deze steen een persoon in uw leven, dan is die een organisator, een diplomaat en een technisch of creatief genie. Hij brengt overal een gevoel van orde, maar die orde is veeleer bevrijdend dan beperkend.

Deze persoon is zelfs zo zeker van zijn ordebesef dat hij bereid is het ondersteboven te gooien en met alle regels te breken wanneer hij beseft dat zijn systeem of aanpak het creatieve proces begint te belemmeren. Hij weet dat hij altijd een nieuwe orde voor zichzelf kan creëren die effectiever zal blijken dan de vorige.

In de westerse astrologie passen de eigenschappen van Imhotep het beste bij de drie tekens, te weten Stier, Weegschaal en Waterman.

Meditatie

Sluit uw ogen, adem diep in en ontspan u. Zie uzelf met een magisch handboek dat speciaal voor u is geschreven. Het is prachtig ingebonden en voelt heerlijk aan. Dit bevat alle wijsheid en hulp die u ooit nodig zult hebben om uw leven tot een succes te maken. Het staat vol ideeën om nieuwe vaardigheden te ontwikkelen, uw talenten te benutten en uw inventiviteit te ontwikkelen. Elke bladzijde bevat een sleutel om uw bijzondere kwaliteiten te ontsluiten.

Zie hoe u het boek willekeurig openslaat en stel u voor dat u daardoor de perfecte informatie onthult voor uw creatieve of spirituele vooruitgang. Misschien is het iets waarover u na moet denken, een praktische suggestie of bemoedigende woorden.

Luister naar de gedachten die in u opkomen en wees u bewust van de gevoelens die uw hart beroeren. Met wat oefening kan deze visualisatie uw unieke inventiviteit stimuleren. Doe iets met de inspiratie die u ontvangt.

POSITIEVE GEDACHTEN

Ik ontsluit mijn inventiviteit.
Ik ben vrij om het leven te scheppen dat ik wens.
Ik ben de architect van mijn geluk en succes.
Ik schep vrede, orde en schittering in mijn leven en zaken.
Ik word in al mijn ondernemingen beschermd en gesteund.
Nieuwe kennis en bewustzijn worden mij onthuld.
Ik kan gemakkelijk nieuwe vaardigheden ontwikkelen.

DE PIRAMIDES

Bouwsels van macht

— Groepsbewustzijn —

— Geometrie —

— Symboliek —

— Verbazing —

De piramides van het oude Egypte wekken nog altijd bewondering en verbazing. Ze worden nog door veel mysteries omringd, van de exacte interpretatie van hun doel tot verwondering over hun constructie. De techniek van het piramide-ontwerp, de precieze bouw en de manier waarop de bouwmaterialen op hun plaats werden gemanoeuvreerd, blijven de experts verbazen. Eén ding is zeker: de piramides waren de collectieve prestatie van de goden en farao's die ertoe inspireerden, de architecten die ze ontwierpen en de gigantische groep steenhouwers en arbeiders die ze bouwde. Je zou kunnen zeggen dat ze een monument zijn voor het collectieve genie van de Oudegyptische cultuur.

De piramides van Giza

De beroemdste Egyptische piramides zijn misschien wel de drie in Giza, die op een plateau op de westelijke Nijloever staan. Ze behoren tot de zeven wereldwonderen, samen met een verzameling architectonische meesterwerken als de Colossus van Rhodos, de hangende tuinen van Babylon en de vuurtoren van Pharos bij Alexandrië. Hoewel de piramides ouder zijn dan de andere wonderen, blijken ze de tand des tijds het beste te hebben weerstaan.

De oudste van de drie piramides is de Grote Piramide, die gebouwd zou zijn door Cheops, de tweede koning van de vierde dynastie.

Er wordt echter ook wel gezegd dat dit bouwwerk ouder zou kunnen zijn dan momenteel wordt aangenomen en dat het een monument zou zijn van een hogere beschaving van voor de tijd van de Egyptenaren.

Het bestaan van een dergelijke beschaving is giswerk, maar velen geloven dat ze over technologieën beschikten die veel van wat wij hebben ontwikkeld te boven gaan.

De tweede piramide wordt algemeen toegeschreven aan koning Chefren van de vierde dynastie, die ook in verband wordt gebracht met de bouw van de Grote Sfinx. De laatste en meest zuidelijke van de drie piramides is gebouwd voor koning Mykerinos, de zesde monarch van die dynastie. De drie piramides zijn omringd door kleinere, die als graftombes voor leden van de koninklijke familie werden gebouwd, en door 'mastaba's', de platte graven voor andere familieleden en hovelingen.

Conserverende krachten

Onderzoek naar de vorm en bouw van piramides heeft interessante resultaten opgeleverd. De ruimte in een piramide zou eigenschappen bevatten die het natuurlijke proces van verval vertragen. Dat effect moet zeer handig zijn geweest voor een cultuur waarin het conserveren van de lichamen van dode farao's heel belangrijk was voor de wedergeboorte in het volgende leven. Uit experimenten met kleine piramides blijkt dat ze inderdaad effect hebben op het tempo waarin de kwaliteit van groente en fruit achteruit gaat, en dat ze messen scherp houden. De oorzaak daarvan is onduidelijk, maar sommige bronnen opperen dat de piramides voorbeelden zijn van een verloren gegane wetenschap van de geometrie, die van invloed zou kunnen zijn op de essentie van de tijd.

De magische eigenschappen van de piramide

Piramides hebben dus conserverende krachten. Daarnaast hebben mystici en spirituele meesters ook gemeld dat piramides bij gebruik in heilige ceremonieën, meditatie en overgangsriten een verandering in het bewustzijn kunnen bewerkstelligen. Ze zouden deuren vormen naar een staat van tijdloosheid die de menselijke geest toegang biedt tot domeinen die het lineair denken en bewustzijn te boven gaan. Er wordt echter ook wel gezegd dat men spiritueel volgroeid moet zijn om een dergelijke innerlijke visie aan te kunnen: onze geest moet nog de capaciteit ontwikkelen om alle informatie te verwerken die de piramides ons kunnen geven.

DE PIRAMIDES IN EEN LEZING

Rechtop

Als u deze steen hebt gekozen, dan is de tijd daar om uw innerlijke kennis en bewustzijn te laten ontwaken. Uw innerlijke geometrische of energetische structuur is voorgeprogrammeerd met kennis en bewustzijn; die komen nu naar boven om uw leven en lotsbestemming te bepalen. Uw lichaamscellen bevatten de kennis van uw voorouders, de grondsubstantie van uw spirituele ik en het programma van uw goddelijke bestemming. Als u in reïncarnatie gelooft, wilt u misschien geloven dat uw vorige levens of andere stadia van bestaan invloed hebben op de gebeurtenissen, gevoelens en ervaringen die u nu doormaakt. Vraag uzelf om intuïtieve informatie over uw spirituele oorsprong en uw ultieme spirituele bestemming. Dat zal wellicht interessante inzichten opleveren. Stamt u van de aarde en kijkt u op naar de sterren of stamt u van de sterren en hebt u verkozen op de aarde te wandelen? De aanwijzingen voor uw ware identiteit komen van binnen.

De steen van de piramides luidt een tijd in van buitengewone bewustwording, waarin u in staat bent u iets meer te herinneren van uw ware aard, en vermogens kunt aanspreken die u vergeten was of waarvan u niet eens wist dat u ze had. Dat kan gepaard gaan met een vlaag van inspiratie of een plotseling besef van iets dat u altijd al hebt geweten, maar pas nu kunt omzetten in gedachten, woorden of tastbare gevoelens. Het kan ook gepaard gaan met een tijdelijk besef van tijdloosheid en verbazing, een glimp voorbij de sluier van de lineaire tijd, die meer onthult over de ware aard van het universum. Tijd zoals wij die interpreteren, waarin alles in een eenvoudige logische volgorde lijkt te gebeuren, is een illusie. Echt tijdreizen is mogelijk binnen het menselijk bewustzijn, wanneer we de kracht, wijsheid en stabiliteit hebben ontwikkeld om dit aspect van onze evolutie te kunnen hanteren.

Ondersteboven

Ligt deze steen ondersteboven, dan wordt u eraan herinnerd dat uw persoonlijke ontwikkeling verbonden is met de groepsgeest van het collectieve bewustzijn. Zoals we onze eigen geest en ons eigen hoger bewustzijn hebben, dat onze weg naar groei en verlichting bepaalt, zo maken we ook deel uit van een groepsgeest die de evolutie van de mensheid mogelijk maakt. De principes van ontwikkeling en beschaving waren gedachtegolven die door het collectieve bewustzijn trokken alvorens ze zich in de fysieke wereld manifesteerden en onze levenswijze veranderden. De impulsen om nieuwe technologieën, filosofieën en morele codes te bedenken zijn allemaal voortgekomen uit een reeks gedachten in de groepsgeest.

Om zo veel mogelijk geluk en succes te behalen is het belangrijk dat u in harmonie met de groepsgeest werkt. Wonderbaarlijke veranderingen en schijnbaar onmogelijke taken worden mogelijk door samenwerking. In nieuwe projecten kunt u hechter samenwerken met collega's, familie, vrienden of woongemeenschappen dan ooit tevoren. Oplossingen dienen zich aan wanneer u om hulp vraagt en openstaat voor het advies en de praktische hulp die anderen u aanbieden. U ontwikkelt nu de grootste persoonlijke bevrediging door de behoeften en doelstellingen van de groep voorop te stellen. Doe uw best voor iedereen wat te bereiken, niet alleen voor uzelf.

Kenmerken

Vertegenwoordigt deze steen een persoon in uw leven, dan zal die u aan uw spirituele oorsprong en lotsbestemming herinneren. Misschien komt hij uit dezelfde spirituele familie als u. Hij heeft een soortgelijk doel en u deelt een relatie die u beiden erkent maar die niet onder woorden te brengen is. Onze ware spirituele familie hoeft niet dezelfde te zijn als onze genetische familie, al kunnen ze elkaar wel overlappen. Deze persoon kan een vriend of familielid in de geest zijn die hier is om u te leiden, ook al bent u geen fysieke verwanten.

Meditatie

Sluit uw ogen, adem diep in en ontspan u. Stel u voor dat elke cel in uw lichaam is opgebouwd uit prachtige geometrische patronen en dat u elke cel onder een zeer krachtige microscoop kunt bekijken. Stel u een heel universum van prachtige patronen en vormen voor. Visualiseer spiralen van licht die in alle richtingen door dat geometrische universum trekken en zie hoe overal waar ze komen de vormen beginnen te veranderen.

Stel u voor dat het licht zacht en effectief de structuur van elke cel verandert, zodat uw spirituele doel duidelijk versterkt wordt. Zie hoe uw cellen zichzelf herscheppen in gezondheid, vitaliteit en vreugde terwijl het licht ze programmeert voor geluk, voorspoed, welzijn en succes.

Dankzij die celstructuur zult u eerder uw doel bereiken en trekt u uw ware spirituele familie aan. Mensen die u herinneren aan uw spirituele oorsprong en opperste mogelijkheden, zullen vervolgens naar u toe worden getrokken.

△ POSITIEVE GEDACHTEN △

Ik hervind eenvoudig mijn gevoel van verbazing.
Ik put nieuwe ideeën en inspiratie uit de groepsgeest.
De vorm en structuur van mijn leven ondersteunen mijn geluk.
Ik ontvang de genade en leiding van mijn spirituele voorouders.
Mijn leven maakt deel uit van een groter geheel.
Mijn spirituele oorsprong wordt nu aan mij onthuld.
Ik geef me over aan mijn hogere doel.

DE SFINX

Het zand des tijds

— Geheimen —

— Enigma —

— Ouderdom —

— Geduld —

De sfinx kijkt uit over het zand des tijds; een samengesteld wezen met het lichaam van een leeuw en meestal een menselijk hoofd. Er waren veel sfinxen in de oude wereld, maar de beroemdste is de Grote Sfinx in Giza, die uit de tijd van koning Chefren, de vierde koning van de vierde dynastie, zou stammen. Sommigen geloven echter dat de Grote Sfinx en de eerste Grote Piramide van Giza feitelijk veel ouder zijn dan algemeen wordt aangenomen, gebouwd door een hoogontwikkeld volk uit een vergeten tijd. Of hij nu gebouwd is door de oude Egyptenaren of door een nog oudere buitengewone beschaving, het is wel duidelijk dat de Grote Sfinx getuige is geweest van talloze veranderingen en de bewaarder is van vele geheimen.

De Egyptische sfinx

Van veel Egyptische sfinxen wordt aangenomen dat ze op koninklijke figuren lijken. De meeste zijn mannelijk, maar er zijn ook enkele vrouwelijke Egyptische sfinxen. De sfinx uit de Griekse mythologie was duidelijk vrouwelijk en werd gevreesd als een wraakzuchtige, vernietigende kracht. De Egyptische sfinx werd echter gezien als een goedaardige invloed voor iedereen, behalve de vijanden van de farao. Wat de sfinx verder ook vertegenwoordigde, hij was duidelijk een symbool van koninklijke macht en bescherming. Sfinxen werden vaak strijdend afgebeeld, terwijl ze de vijanden van Egypte versloegen en elk verzet tegen koninklijke campagnes vertrapten.

Naar de volle betekenis van de sfinx kunnen we echter alleen maar raden; het grote samengestelde beest van Egypte kent beslist vele mysteriën die het nog heel lang geheim zal houden.

Sommige tempels werden bewaakt door hele rijen sfinxen. In Karnak werden sfinxen met ramskoppen gebouwd ter ere van de god Amun. Afbeeldingen van sfinxen waren ook populair op sieraden en werden in scarabeeën en andere ceremoniële voorwerpen gekerfd.

De bouw van de Grote Sfinx

De Grote Sfinx in Giza zou Harmachis, god van de opkomende zon, vertegenwoordigen, wiens naam volgens velen 'Horus van de Horizon' betekent.

Algemeen wordt aangenomen dat hij gebouwd is door koning Chefren en deel uitmaakte van zijn begrafeniscomplex. Het gelaat van de sfinx zou een portret van Chefren zijn. De sfinx lijkt uit een aardlaag van kalksteen te zijn gehouwen en is meer dan zeventig meter lang en twintig meter hoog.

Men denkt dat, in de tijd dat de sfinx werd gebouwd, het omliggende gebied er heel anders heeft uitgezien dan de woestijn die het nu is. Er wordt wel eens gesteld dat de sfinx omringd zou zijn geweest door beplanting en wellicht dicht bij een watervlakte stond die veel groter was dan de Nijl, misschien zelfs bij een oceaan.

De woestijn van vandaag zou het gevolg geweest kunnen zijn van grote globale veranderingen, veroorzaakt door een verschuiving van de aardas die de verschuiving van landmassa's en dramatische klimaatveranderingen in veel gebieden op aarde, waaronder ook Egypte, tot gevolg had.

De restauratie van de Grote Sfinx

Tussen de poten van de Grote Sfinx staat een stèle met een inscriptie die melding maakt van de gedeeltelijke restauratie door Tuthmosis IV. Tuthmosis was als prins in het gebied op jacht. Hij werd moe en viel in de schaduw van de sfinx in slaap, die toen in een droom aan de prins verscheen en hem de troon van Egypte beloofde als hij het zand liet afgraven dat bijna het hele lichaam van de sfinx bedekte en verborg. Tuthmosis deed wat hem gevraagd werd en werd beloond met een regeringsperiode die duurde van 1425 tot 1417 v.C.

DE SFINX IN EEN LEZING

Rechtop

Als u deze steen hebt gekozen, is dit een tijd van geduld en vertrouwen. Niets wat echt van waarde is gaat ooit verloren en er zal u geen spirituele beloning onthouden worden, dus geef alle strijd op en vertrouw erop dat u te zijner tijd zult krijgen wat u rechtmatig toekomt. Weet u gemakkelijk geduld uit te oefenen, dan verdient u lof; u geeft blijk van een wijsheid en rijpheid die gepaard gaan met een innerlijk besef dat u veilig bent in deze wereld.

Ontbreekt het u aan geduld, dan is dit het moment om alle wanhoop, obsessief gedrag of angst voor gebrek los te laten, want de tijd volgt haar eigen ritme, niet het uwe. Laat alles los en heb vertrouwen; de beloningen zullen fantastisch zijn wanneer u die op hun eigen tijdstip en eigen manier laat komen. Vraag wat u wilt, maar probeer geen invloed uit te oefenen op de manier waarop uw wensen in vervulling gaan. Erken uw behoeften, maar laat het aan het universum over om uw verzoeken in te willigen op de wijze die uw opperste welzijn ten goede komen.

De steen van de sfinx luidt een tijd in waarin u omgeven bent door heerlijke geheimen en geïnspireerd wordt door de mysteries van het universum. Temper uw nieuwsgierigheid niet, maar leer er vrede mee hebben dat het niet altijd in uw voordeel is alles tegelijk te weten. Nieuwsgierigheid is op zich gezond, maar alle mysteries van het leven willen kennen in een wanhopig verlangen de touwtjes in handen te houden, is dat niet. Doe uw best de leiding te nemen over uw leven, maar probeer niet wanhopig elk project, elke relatie of gebeurtenis te regelen. Merkt u dat u dat doet, doe dan een paar stappen terug. Geduld is de les en geloof, vertrouwen en voorstellingsvermogen zijn de oplossing. U zult de antwoorden niet buiten uzelf vinden; het is tijd om innerlijk een sterker gevoel van zekerheid te creëren.

Ondersteboven

Ligt deze steen ondersteboven, dan bent u de bewaker van de geheimen van een ander. Houd wat u weet voor uzelf. Te vroeg informatie onthullen, zal niemand ten goede komen. U zult er echter profijt van hebben een gewaardeerde en betrouwbare vertroeweling te zijn; uw discretie zal uw relaties versterken en u grotere intimiteit of respect brengen dan ooit tevoren. Handel altijd met diplomatie, tact en wijsheid; de beloning komt vanzelf als de tijd rijp is.

Het is ook mogelijk dat u het geheim bent en uw leven een raadsel voor anderen. Men ziet u als mysterieus en exotisch, uw motieven gaan het begrip van anderen te boven en u wordt tot onderwerp van hun nieuwsgierigheid. Dit is waarschijnlijk gezond; u doet er goed aan niet overhaast uw mythen uit de wereld te helpen. Draagt uw geheimzinnigheid echter bij aan misverstanden, dan is het wellicht verstandig enkele mensen in te lichten over uw bedoelingen. Dat wil niet zeggen dat u alles moet onthullen, maar wel dat u eerlijk moet zijn over alles wat direct of indirect gevolgen kan hebben voor anderen. De kans bestaat dat u geruime tijd deel zult uitmaken van hun leven en hoewel het in uw voordeel kan zijn om geheimzinnig te zijn, hebt u er niets aan als u voortdurend verkeerd begrepen wordt.

Kenmerken

Vertegenwoordigt deze steen een persoon in uw leven, dan zal die oud zijn of in de komende maanden of jaren een voortdurende aanwezigheid in uw leven zijn. Deze persoon kan een vertrouweling worden die u uw intieme geheimen kunt toevertrouwen. Hij is bereid u wijze raad en een luisterend oor te schenken en de kans is klein dat hij zal doorvertellen wat u hem vertelt. Het kan ook iemand zijn die u zijn eigen geheimen toevertrouwt of u inwijdt in de geheimen van het universum. De geheimen die hij met u deelt, kunnen uw leven ten goede beïnvloeden.

Meditatie

Sluit uw ogen, adem diep in en ontspan u. Stel u voor dat u een lang, gezond, bevredigend leven leidt en visualiseer uzelf als een oud maar toch jeugdig persoon. Zie uzelf vol vitaliteit en vreugde en met het vermogen uw lot in eigen handen te nemen. Stel u nu voor dat u terug kunt kijken op uw leven en op uw opgedane wijsheid en inzichten en de keuzes die hebben bijgedragen tot uw gezondheid en succes.

Vraag uw toekomstige ik zijn of haar geheimen met u te delen. Van welke informatie zou u nu het meeste profijt hebben? Wat kunt u doen om u te verzekeren van een lang leven, gezondheid en geluk? Wat moet u weten om het beste te maken van uw leven en uw spirituele ontwikkeling te bespoedigen? Stel u open voor de geheimen die uw toekomstige ik met u wil delen. Ze kunnen u bereiken als gedachten, gevoelens, mentale beelden, abstracte concepten of impulsen. Noteer die inzichten en handel ernaar.

POSITIEVE GEDACHTEN

Mijn leven is vol beloningen.
Ik ben gezegend met geduld en gratie.
Ik heb alle tijd die ik nodig heb om mijn wensen in vervulling te zien gaan.
Mijn geheimen worden geëerd en gerespecteerd.
Ik heb een overvloed aan geloof, vertrouwen en voorstellingsvermogen.
Ik ben veilig met het geheim van het leven.
Ik leid een lang en gelukkig leven.

DEEL 3

STENEN LEGGEN VOOR VISIE EN CREATIVITEIT

'Ik ben het oog van Horus; ik heb het oog van Horus geopend in zijn tijd.'
'O, oog van Horus, steun mij...'
HET EGYPTISCHE DODENBOEK

Als we de stenen in combinaties leggen, worden oneindige mogelijkheden onthuld: het opent vensters naar de lucht, deuren naar het goddelijke en nieuwe kanalen voor onze unieke creatieve mogelijkheden. Samen brengen de stenen en de archetypes die ze vertegenwoordigen wijze boodschappen over die boven hun afzonderlijke goddelijke betekenis uitstijgen. U vindt hier een selectie van originele combinaties om uit te proberen. Ze brengen visie, creativiteit en profetie. Wanneer u het lezen van de stenen in combinatie beheerst, zal uw intuïtie groeien en uw innerlijke wijsheid ontwaken. Het is een bron die met u mee kan groeien en met u mee kan vliegen. Open het Oog van Horus, kijk erdoor en laat zijn visie uw vleugels ondersteunen wanneer u het luchtruim kiest...

HOE TE BEGINNEN

Vooraan in dit boek besprak ik de mogelijkheid om regelmatig afzonderlijke stenen te gebruiken om duidelijkheid en inspiratie te brengen voor die dag, week of maand, of als antwoord op een specifieke vraag.

Die methode van het raadplegen van de stenen is zeer effectief voor algemeen gebruik, maar misschien wilt u af en toe een lezing voor uzelf of iemand anders houden die wat dieper gaat. Ongezien een combinatie van stenen pakken om samen te lezen, biedt u veel meer om over na te denken. De relatie tussen twee of meer stenen heeft een ruimere goddelijke betekenis dan de afzonderlijke betekenis wanneer u de stenen apart leest. Een combinatie van stenen kan duiden op een ontwikkeling van de spirituele en creatieve aanleg die zich vaak na verloop van tijd voordoet, of kan de verschillende invloeden binnen een bepaalde situatie of relatie aantonen.

Ik zal u nu een aantal combinaties tonen, hun doel uitleggen en u suggesties aan de hand doen om ze zo effectief mogelijk te gebruiken. Ik heb ook voorbeelden opgenomen om u op weg te helpen.

Deze combinaties zullen prima werken, vooral als u goed bekend bent met de stenen en ze regelmatig gebruikt. De sleutel tot een goede lezing is zo bekend te raken met het materiaal in dit boek dat u uw intuïtie de vrije teugel kunt laten. U zult dan wellicht ontdekken dat u veel meer over deze heilige archetypen en hun band met de menselijke aard weet dan u had gedacht.

De stenen leren lezen

Als u de stenen wilt lezen voor andere mensen, is het verstandig eerst te oefenen. Gebruik de stenen dagelijks afzonderlijk, zoals in Deel 1 beschreven en lees regelmatig de informatie over hun goddelijke betekenis en achtergrond, zodat u goed bekend raakt met de symbolen en hun interpretaties. Terwijl u het materiaal in dit boek verwerkt, zult u leren erbovenuit te stijgen en uw intuïtieve krachten en aangeboren bewustzijn van de heilige archetypen te ontwikkelen.

Leg de combinaties in eerste instantie voor uzelf en lees ze liefst meerdere malen voordat u de stenen gaat lezen voor andere mensen. De Oog-van-Horus-combinatie vormt hierop een uitzondering, omdat die eigenlijk bedoeld is om voor elk individu maar één keer te worden gelegd. Het is goed om vertrouwd te raken met de posities van de stenen en het ritme of de intentie van elke combinatie. Hoe meer u oefent, hoe gemakkelijker het wordt creatief te zijn in het combineren van de individuele betekenissen van de stenen om tot iets groters te komen. U zult ontdekken dat alle stenen hun eigen relaties met de andere hebben en dat elke combinatie die u leest een nieuwe goddelijke betekenis kan opleveren.

Wanneer u voor het eerst voor andere mensen gaat lezen, kunt u gerust het boek erbij houden en de beschreven goddelijke betekenis lezen. Leg de persoon wel uit dat u voorleest omdat u nog niet zo ervaren bent en dat u steeds naar de tekst zult verwijzen. Het kan helpen een passage te lezen, samen te bespreken en dan enkele kernpunten of ideeën te herhalen alvorens u verdergaat. Gebruik van de tekst om een uitwisseling van ideeën tussen u en de vrager te stimuleren, zal u beiden duidelijkheid en verlichting brengen. Voor de vrager zal het de lezing persoonlijker en begrijpelijker maken. En u zal het meer leren over de stenen en hoe u ze in de toekomst kunt interpreteren.

Wanneer uw zelfvertrouwen groeit, zult u het boek naast u neerleggen en een lezing doen op basis van uw geheugen, instinct en intuïtie. Ook al komen de stenen steeds terug, ze hebben voor iedere vrager en voor elke vraag of situatie waarvoor u ze legt toch een iets andere betekenis. Zodra u vertrouwd bent met de basisinterpretaties, kunt u meer vrijheid ontwikkelen om die subtiele nuances te onderzoeken. De stenen en hun spirituele archetypen hebben veel meer facetten dan in een boek beschreven kunnen worden. Hun kracht schuilt in de individuele relatie die elke lezer met ze ontwikkelt en de deuren die ze kunnen openen in de menselijke psyche.

Zelfs wanneer u vaardigheid krijgt in het lezen van de stenen is het vaak handig af en toe nog eens het boek te pakken en de goddelijke betekenissen door te nemen. Het is altijd fijn het boek bij de hand te hebben ingeval u bepaalde punten moet toelichten. De tekst is bedoeld om u te helpen bij het lezen van de stenen, maar laat u er niet door beperken in uw intuïtie of natuurlijke stijl als stenenlezer. De tekst is slechts bedoeld als een springplank voor uw eigen instinctieve kennis en bewustzijn. Leer op uw intuïtie vertrouwen.

Waar doet u een lezing

Het helpt om voor elke lezing een 'heiligdom' te creëren in een sfeer van vrede en kalmte waar u uw intuïtie en hoger bewustzijn kunt gebruiken zonder te worden gestoord of afgeleid. Kies een comfortabel en stil plekje, buiten bereik van de telefoon en weg van iedereen die niet actief bij de lezing betrokken is of die uw aandacht zou kunnen afleiden. Het helpt vaak om het licht te dimmen. Sommige mensen horen graag muziek op de achtergrond, maar ik vind zelf dat dat storend kan werken. Wilt u toch muziek, kies dan voor zachte, vredige, instrumentale klanken. Gezongen teksten kunnen onderbewuste boodschappen vormen die uw concentratie of die van degene voor wie u leest kunnen verstoren, of de stemming van de lezing kunnen beïnvloeden.

Hoeveel tijd neemt u ervoor

U moet voldoende tijd nemen om elke combinatie grondig te lezen. Een korte combinatie kan twintig tot dertig minuten vergen, terwijl de langere wel meer dan vijftig minuten kunnen duren, afhankelijk van of u voor uzelf of voor iemand anders leest. Natuurlijk hangt de duur vooral af van u als lezer en uw vermogen discussie of overpeinzing te stimuleren. Neem voor elke lezing voldoende tijd om een bepaalde diepte te bereiken en om te zorgen dat ideeën zo volledig mogelijk kunnen worden opgenomen.

Pas echter wel op dat u of de persoon voor wie u de stenen leest niet moe, afgeleid of verveeld wordt. Wanneer beide partijen geïnteresseerd zijn en samen een diepzinnige discussie voeren, kan de langste combinatie, het Oog van Horus, wel twee uur duren.

Voor uzelf lezen

Als u voor uzelf leest, kan het handig zijn pen en papier of een cassetterecorder bij de hand te hebben om een notitie te maken van welke stenen u hebt gelegd en hoe ze liggen. Het is ook handig om uw eventuele vraag en vlagen van inspiratie die u ontvangt te noteren.

Betrek alleen een andere persoon bij de lezing als u volledig vertrouwt op zijn mening of inzichten en hij u actief kan helpen de ideeën die naar boven komen te bespreken en begrijpen. Wees anders liever uw eigen leermeester bij het leren begrijpen van de stenen. Vraag uzelf elk nieuw idee te verduidelijken door te bepalen wat het voor u betekent, hoe het aanvoelt en welk aspect van u het stimuleert. Roept het herinneringen, aspiraties, nieuwe ideeën, oude angsten of nieuw bewustzijn op, erken die dan en noteer ze voor later gebruik.

Voor iemand anders lezen

Leest u voor iemand anders, kies dan een plek die voor u beiden veilig, vredig en comfortabel is, maar niet de plek waar u zelf rust en ontspanning zoekt. Lezingen kunnen krachtige, maar milde heling en persoonlijke ontwikkeling teweegbrengen. Misschien wilt u zich naderhand graag terugtrekken op een plek die niet vol is van de ideeën, gevoelens, behoeften of aspiraties van de persoon voor wie u hebt gelezen. Uw persoonlijke meditatieruimte dient om uzelf fysiek, emotioneel, mentaal en intuïtief op te laden en moet zo mogelijk dus vrij blijven. Een aparte kamer is ideaal, maar hebt u geen andere keus, kies dan voor uw lezingen en voor uw eigen ontspanning in elk geval verschillende plekken in dezelfde ruimte.

Houd wanneer u voor iemand anders leest pen en papier en een cassetterecorder bij de hand. Met pen en papier kunt u de posities van de stenen noteren voor toekomstig gebruik en met de cassetterecorder kunt u uw lezing en de dialoog tussen u beiden opnemen. Natuurlijk moet u dat niet doen als de vrager zich niet prettig voelt bij het idee dat persoonlijke dingen op die manier worden opgeslagen. Ik heb echter gemerkt dat de meeste mensen graag een bandje meenemen naar huis om het materiaal opnieuw te gebruiken.

Voor u begint

Een combinatie leggen en lezen kan een buitengewoon niveau van helderheid, bewustzijn en verlichting teweegbrengen voor u of de persoon voor wie u de stenen leest. De stenen hebben tot doel de spirituele en creatieve invloeden te benadrukken die effect hebben op de persoonlijke ontwikkeling ten tijde van de lezing. Daarbij horen invloeden uit verleden en toekomst die in verband staan met de dromen, behoeften, angsten, verwachtingen en aspiraties van de vrager op dit moment.

Door de stenen te raadplegen worden wij,

en de vrager, beter in staat onze onderliggende motieven te begrijpen, interne conflicten op te lossen en ter zake kundige keuzes te maken over de stappen die we kunnen ondernemen. Volg de adviezen en algemene richtlijnen in dit deel op om u ervan te verzekeren dat de lezing zo soepel mogelijk verloopt, of het nu voor uzelf of iemand anders is.

De stenen onthullen vaak heel veel, vooral wanneer ze in combinatie worden gelegd. Een lezing kan dan ook een intieme, zelfs kwetsbare ervaring zijn. Het is daarom belangrijk dat een lezing wordt gehouden in een sfeer van vertrouwen en vertrouwelijkheid. De privacy en waardigheid van de vrager, de lezer en eventueel andere betrokkenen moet ten volle worden gerespecteerd. Spreek aan het begin van elke lezing af dat alle informatie vertrouwelijk zal worden behandeld en houd u daar ook aan. Praat alleen met derden over de dingen die u en de vrager tijdens een lezing hebben gezegd als de vrager daar uitdrukkelijk toestemming voor heeft gegeven.

Ook is het belangrijk om uw lezing een zo positief mogelijk karakter te geven. Negatieve verwachtingen in de geest van de vrager planten, zal hem zeker geen goed doen. De kracht van de zichzelf vervullende profetie is erg groot en mensen kunnen zichzelf problemen aanpraten die vaak noch nodig, noch onontkoombaar zijn. De invloeden van de stenen zijn bedoeld om constructief te worden gebruikt en positieve gedachten en toekomstverwachtingen te stimuleren. Een positieve kijk op het leven kan zelfs in de meest problematische situaties tot transformationele oplossingen leiden. Negatieve of beperkende verwachtingen brengen echter voor niemand iets positiefs met zich mee.

Denk erom dat u bij het gebruik van *Het Egyptische orakel* de met de stenen verbonden goden, godinnen en symbolen respecteert. Elke steen vertegenwoordigt een krachtig archetype en kan krachtige mentale, emotionele en spirituele invloeden hebben. Vraag de stenen voor elke lezing respectvol om hulp en bedank ze regelmatig voor hun leiding en verlichting.

U mag anderen tijdens het lezen niet uw ideeën opdringen of belangrijke keuzes voor hen maken. Probeer degenen die steun zoeken meer achtergrondinformatie bij hun situatie te geven, en biedt ze een plek om de beslissingen die ze willen nemen te overdenken en te bespreken. Het is uw rol om te steunen, te verduidelijken en te adviseren; u mag mensen niet het recht ontnemen zelf te kiezen. Alleen door onze eigen keuzes te maken, kunnen we leren en groeien.

Ten slotte, of u de stenen nu voor uzelf of iemand anders leest, doe het met zo veel mogelijk plezier en vertrouw op uw instincten. Als u geniet van het proces van het lezen, zullen anderen meer profijt van uw lezingen hebben. Wanneer u meer vertrouwen krijgt in uzelf als lezer, zult u bijzondere dingen ontdekken.

DE JUISTE COMBINATIE KIEZEN

Ik geef u een richtlijn voor de navolgende vijf originele combinaties.

Neem rustig de tijd om de meest geschikte combinatie uit te kiezen voor uw behoeften of die van de persoon voor wie u de stenen leest.

De Wijsheid van Maat

De Wijsheid van Maat is een combinatie van drie stenen. Hij is bedoeld om wijsheid en harmonie te brengen voor een keus die u of de vrager moet maken. Gebruik deze combinatie als:

• U (of de vrager) geconfronteerd wordt met een moeilijke beslissing en hulp nodig hebt bij het maken van de juiste spirituele of morele keus.
• U (of de vrager) zich geplaatst ziet voor een belangenconflict in een bepaalde relatie of voor tegenstrijdige behoeften en impulsen in uzelf.
• U (of de vrager) een specifieke behoefte of vraag hebt.
• De nadruk van de vraag ligt op dilemma's en keuzes in het heden en de nabije toekomst.

De Geheimen van de sfinx

Dit is een combinatie van vier stenen die een geheime reis naar de toekomst vertegenwoordigt. Deze combinatie belicht onze persoonlijke ontwikkeling in een bepaalde periode en geeft aan welke lessen de toekomst ons kan leren. De vier stenen zijn te lezen als een opeenvolging van vier dagen, vier weken, vier maanden, vier seizoenen of vier jaren, afhankelijk van wat de vrager het meest aanspreekt. Gebruik de Geheimen van de sfinx als:

• U (of de vrager) vooral geïnteresseerd bent in de nabije toekomst en de invloeden van levenslessen die voor u klaarliggen in de periode waarvoor de stenen worden gelezen.
• U (of de vrager) een algemene lezing van de tendens voor de toekomst wenst.
• U (of de vrager) algemene verduidelijking van uw richting wenst.

De Schatten van de piramides

De Schatten van de piramides is een combinatie van vijf stenen die de vrager een overzicht geeft van een bepaalde situatie en hem een ruimer beeld geeft van zijn leven. De schatten die deze combinatie bevat, vertegenwoordigen verleden, heden en toekomst in relatie tot een specifieke vraag. Gebruik deze combinatie als:

• U (of de vrager) zich wilt richten op de tendens voor de toekomst in een bepaald aspect van het leven. Dat kunnen intieme relaties, familierelaties, carrière of spirituele bewustwording zijn.
• U veel tijd hebt. U hebt minstens drie kwartier nodig om alle facetten van deze verhelderende combinatie te overdenken en te bespreken.
• U zich in een ruimte bevindt die vrij is van afleiding en die bijdraagt tot een lezing van grotere diepte.

De Relatie

Dit is een combinatie van twee stenen die de onderliggende krachten of spirituele dynamiek van een bepaalde relatie belicht, of dat nu familie, vrienden, een minnaar of een zakenpartner is. U kunt hem gebruiken voor relaties in verleden, heden of toekomst. Gebruik deze combinatie als:
• U (of de vrager) opheldering wenst over een onbegrepen relatie uit het verleden.
• U (of de vrager) heling en verlichting wenst voor een bestaande relatie.
• U (of de vrager) de aard en mogelijkheden van een nieuwe relatie wilt verduidelijken.

Het Oog van Horus

Het Oog van Horus is de ingewikkeldste en meest universele van de vijf beschreven combinaties. Het is een combinatie van zeven stenen die dienstdoen als een persoonlijke totem van macht, creativiteit en spiritueel doel. Hij wordt normaal maar één keer gebruikt, maar kan nog vaak als basis voor andere lezingen en als persoonlijke leidraad dienen. Gebruik het Oog van Horus als:
• U veel tijd hebt. U hebt minstens een uur nodig om alle facetten van deze combinatie en het verband daarvan met uw leven of dat van de vrager te overdenken en bespreken.
• U (of de vrager) instinctief voelt dat dit het juiste moment is om enkele fundamentele kwesties te verduidelijken, zoals: *Waarom ben ik hier?* of *Wat is mijn spirituele doel?*
• U zich in een ruimte bevindt die vrij is van afleiding en die bijdraagt tot een lezing van grotere diepte.
• U over voldoende energie en concentratie beschikt om de lezing tot een goed einde te brengen.
• U (of de vrager) een blauwdruk wenst te maken die duidelijkheid en diepte verleent aan andere lezingen.

DE WIJSHEID VAN MAAT GEBRUIKEN

De Wijsheid van Maat is een combinatie van drie stenen die verband houdt met morele keuzes, balans en rechtvaardigheid. Zij biedt de vrager de toepasselijke spirituele, emotionele en mentale benadering om hem te helpen zijn beslissing te nemen. Het op deze manier leggen van de stenen biedt duidelijkheid, harmonie en heling voor de gebieden van innerlijk en uiterlijk conflict die u behandelt.

De stenen

Drie stenen worden ongezien uit het zakje genomen. Ze worden vervolgens naast elkaar voor de vrager neergelegd, zoals hieronder. Let wel op welke stenen rechtop zijn gekozen en welke ondersteboven.

DE WIJSHEID VAN MAAT

Huidige positie   Spirituele of morele keus   Weg naar wijsheid

1. HUIDIGE POSITIE
Deze steen laat de huidige positie van de vrager zien: zijn hoop, angsten, wensen en intenties.

2. SPIRITUELE OF MORELE KEUS
Deze steen belicht de spirituele of morele keus waarvoor de vrager zich geplaatst ziet.

3. WEG NAAR WIJSHEID
Deze steen toont de weg naar wijsheid of de verstandigste acties voor de vrager.

VOORBEELDLEZING

1. Huidige positie
Horus ondersteboven

2. Spirituele of morele keus
Nut rechtop

3. Weg naar wijsheid
Anubis rechtop

Het onderwerp van de lezing is Bill. Hij denkt over een verandering van carrière. Hij is nu zeven jaar conservator en heeft een universitaire opleiding. Hij heeft zich opgewerkt tot een redelijk comfortabele positie met enige zekerheid en een redelijke hoeveelheid verantwoordelijkheid, maar heeft nu het gevoel een beetje vast te zitten. Zijn baan biedt op korte termijn geen kans op promotie en hij meent dat hij niet zoveel verdient als hij zou willen verdienen en vindt ook creatief niet voldoende bevrediging in zijn werk. Bill is dertig en weet niet of hij nog een paar jaar moet blijven waar hij zit of iets heel anders zal gaan doen. Hij heeft belangstelling voor complementaire therapieën en public relations, maar heeft nog niets tastbaars ondernomen om een van die richtingen uit te gaan. Zijn vraag is: *Is dit het goede moment om mijn baan op te zeggen?*

De stenen worden in het zakje gestopt en Bill wordt gevraagd er ongezien drie uit te nemen en ze naast elkaar voor zich neer te leggen. We noteren welke stenen hij rechtop heeft gepakt en welke ondersteboven.

1. HUIDIGE POSITIE
Horus ondersteboven

Dit geeft aan dat Bill veel met anderen communiceert. Dat wordt gestaafd door de aspecten van public relations en publiciteit van zijn huidige baan en het plezier dat hij daarin heeft. De steen van Horus herinnert Bill er hier aan dat het goed voor hem zou zijn die verantwoordelijkheden te erkennen en uit te bouwen, ondanks de andere, meer wereldse aspecten van zijn werk die hem tegenstaan.

De steen geeft ook aan dat hij iemand is met veel persoonlijke visie, die een inspiratie vormt voor anderen. Het kan ook betekenen dat hij op dit moment zijn persoonlijke visie op zijn toekomstige carrière aan het vormen is.

2. SPIRITUELE OF MORELE KEUS
Nut rechtop

Nut in deze positie kan duiden op angst om het onbekende tegemoet te gaan. Nut is het firmament dat vormeloosheid en chaos scheidt van al wat momenteel bestaat. Haar uitgestrektheid geeft aan dat dit geen kwestie is van een gebrek aan keuzes: er wachten Bill oneindig veel mogelijkheden. Het is juist die grote verscheidenheid die Bill vrees aanjaagt.

Een wijze en intuïtieve stenenlezer zal opperen dat het goed zou zijn als Bill wat nader onderzoek doet naar de gebieden die hem aanspreken en de mogelijkheden gaat uitwerken. De mogelijkheden zijn onbegrensd en Bill wordt gesteund bij het verruimen van zijn horizon, maar als hij meer informatie heeft, zal hij zich comfortabeler voelen bij het nemen van de volgende stap.

De aanwezigheid van Nut biedt een zekere graad van moederlijke bescherming en belooft een overdaad aan mogelijkheden of potentiële beloningen die Bill moet erkennen of opeisen. Het zijn goede voortekenen voor belangrijke beslissingen.

De combinatie van Horus en Nut in deze posities benadrukt de expansieve kracht van de situatie. Nut is de hemelgodin en Horus de heer van de lucht, dus dit is zeker het moment om groot te denken, een sterke persoonlijke visie te hebben en een grotere arena binnen te stappen.

3. WEG NAAR WIJSHEID
Anubis rechtop

Dit is een uitstekende positie voor Anubis. Ze biedt Bill veel bescherming als hij ervoor kiest zich op onbekend terrein te begeven en ze zal hem leiden bij alle onvoorziene moeilijkheden of kansen. Anubis belicht ook de noodzaak je eigen intuïtie te volgen. Bill moet in zichzelf zoeken naar antwoorden, niet proberen zijn huidige situatie te begrijpen. De boodschap luidt, volg je gevoel en vertrouw op wat daar uitkomt.

Een intuïtieve stenenlezer zal Bill naar

zijn persoonlijke illusies, negatieve verwachtingen en beperkt denken vragen. De onbeperkte mogelijkheden waarop de vorige stenen wezen, liggen er beslist, maar mogelijk belemmert Bill zijn eigen vooruitgang door gebrek aan zelfvertrouwen of zelfachting. Anubis brengt een energie met zich mee die dergelijke waandenkbeelden wegneemt en een positiever beeld van de eigen mogelijkheden en een besef van eigenwaarde geeft. Als Bill negatieve of beperkende verwachtingen koestert over zijn toekomstige carrière, dan zal het helpen als hij anders gaat denken over zijn huidige situatie.

De invloed van Anubis geeft wel aan dat hij zijn huidige baan is ontgroeid en dat het tijd is om iets nieuws te gaan doen. Bills interesse voor complementaire therapieën staat Anubis, de brenger van helende vermogens, in deze positie ook wel aan.

De combinatie van Nut en Anubis duidt op een behoefte aan humor en plezier. Een luchthartiger aanpak zal Bill helpen bij het nemen van de volgende stap.

Samenvatting

De mogelijkheden om iets nieuws te beginnen zijn goed. Het is tijd voor persoonlijke groei en ontwikkeling waarin Bills kijk op zichzelf zich verruimt tot buiten de carrièreverwachtingen die hij sinds zijn vroege volwassenheid heeft. Hij kan worden aangemoedigd zijn huidige baan expansief te benaderen door zich af te vragen wat hij kan doen om die zo creatief en bevredigend mogelijk te maken, terwijl hij tegelijk stappen onderneemt om een andere richting te kiezen. Hij kan zichzelf helpen door:

• Meer onderzoek te doen. Dat kan betekenen de personeelsadvertenties lezen, informatie vragen over cursussen die hem interesseren en carrière-advies vragen om uit te zoeken waar hij zijn vaardigheden en opleiding verder nog kan benutten.
• Positief te denken over zichzelf, zijn vaardigheden en kansen.
• Op zijn intuïtie te vertrouwen en te doen wat hem juist lijkt, in plaats van de meest logische of veilige optie te kiezen.
• Zo snel mogelijk positieve actie te ondernemen. Het zal hem geen goed doen nog eens twee jaar in zijn huidige baan te blijven, tenzij hij dat doet om zichzelf te onderhouden terwijl hij een deeltijdstudie volgt, of tenzij hij de aard van zijn werk zou kunnen veranderen, zodat het wat meer van zijn creatieve mogelijkheden vergt.

Bij de Wijsheid-van-Maat-combinatie is de steen op de derde positie misschien wel de belangrijkste. Bill kan er profijt van hebben te mediteren bij de steen van Anubis en daarbij de voorgestelde visualisaties en positieve gedachten te gebruiken. Hij kan ook een droomdagboek bijhouden om intuïtieve boodschappen in zijn dromen te ontdekken.

DE GEHEIMEN VAN DE SFINX GEBRUIKEN

De Geheimen van de sfinx is een combinatie van vier stenen die de vrager een uniek inzicht in zijn toekomst geeft. Hij geeft de ontwikkeling van een persoon in een bepaalde periode aan. De vier stenen kunnen worden gelezen als de vier seizoenen waarbij ze de groei voor het komende jaar aangeven, maar ook als vier dagen, vier weken, vier maanden of vier jaren.

Deze combinatie geeft een indicatie van de invloeden die in de nabije toekomst naar voren komen, gebaseerd op de aspiraties, stemming en keuzes van het heden. Hij geeft een goed algemeen beeld van de toekomstige tendensen en helpt aanwijzingen verduidelijken. In de stenen gelezen toekomstige tendensen staan uiteraard niet vast. We zijn vrij om te handelen zoals we willen met de informatie en om keuzes te maken die deze invloeden kunnen veranderen.

Beslis voor u met de lezing begint in welk tijdsbestek de vraag speelt en houd u daaraan. Als u hebt besloten voor de komende vier dagen te lezen en de stenen met dat doel zijn gekozen, dan zal de lezing daar ook op gericht zijn. Besluit u toch een lezing te doen voor de komende vier weken, dan moeten er nieuwe stenen gekozen worden.

De stenen

De vier stenen worden ongezien uit het zakje genomen en van onderaf in een S-vorm gelegd, zoals hiernaast.

DE GEHEIMEN VAN DE SFINX

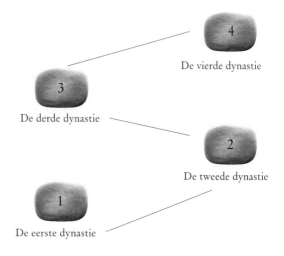

- De vierde dynastie
- De derde dynastie
- De tweede dynastie
- De eerste dynastie

1. DE EERSTE DYNASTIE
De eerste steen vertegenwoordigt de eerste periode van de vraag. Dat kan een dag, week, maand, seizoen of jaar zijn.

2. DE TWEEDE DYNASTIE
De tweede steen vertegenwoordigt de tweede periode van de vraag en belicht de tendensen van de gekozen periode.

3. DE DERDE DYNASTIE
De derde steen staat voor de derde periode van de vraag.

4. DE VIERDE DYNASTIE
De vierde steen vertegenwoordigt de laatste periode van de vraag; de tendens voor de laatste dag, week, maand, seizoen of jaar.

VOORBEELDLEZING

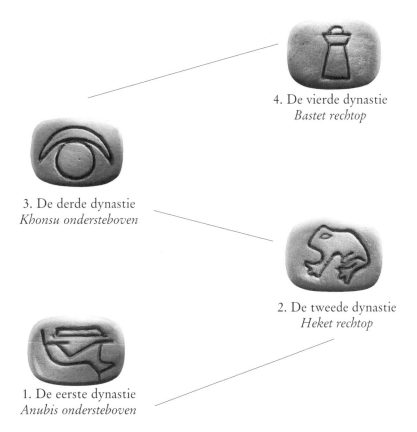

4. De vierde dynastie
Bastet rechtop

3. De derde dynastie
Khonsu ondersteboven

2. De tweede dynastie
Heket rechtop

1. De eerste dynastie
Anubis ondersteboven

Het onderwerp van de lezing is Maggie. Maggie wil meer weten over de spirituele en materiële invloeden die ze in het komende jaar kan verwachten. Ze hoopt op een uitbreiding van haar werk als lerares, waarvan ze erg geniet, en ook op meer voorspoed in de komende twaalf maanden. Ze heeft bovendien plannen om haar huis te renoveren. Haar vraag is: *Hoe kan ik mijn tijd en energie het beste gebruiken om het komende jaar succes, innerlijke vrede en persoonlijke bevrediging te vinden?*

De stenen worden in het zakje gestopt en Maggie wordt gevraagd er ongezien vier uit te nemen en voor zich neer te leggen zoals hierboven beschreven. We noteren welke stenen rechtop zijn gepakt en welke ondersteboven. De lezing wordt gedaan tegen het begin van de winter, dus de winter is in deze lezing de eerste periode waarvoor de vraag geldt. De vier stenen van Maggie's Geheimen van de sfinx worden hierna beschreven.

1. DE EERSTE DYNASTIE (Winter)
Anubis ondersteboven

De winter is voor Maggie een tijd om te leren, waarin ze het beste haar vaardigheden kan ontwikkelen en aanscherpen. Het leerproces zal waarschijnlijk gericht zijn op heling, persoonlijke ontwikkeling, intuïtieve vaardigheden of paranormale vermogens; het kan echter ook betrekking hebben op gebieden als het geven van leiding of het ontwikkelen van een nieuwe creatieve vaardigheid. Dit is een goede tijd om te lezen of een schriftelijke cursus te volgen.

De steen van Anubis in deze positie doet vermoeden dat Maggie het verleden moet loslaten en zich moet voorbereiden op nieuwe uitdagingen in het komende jaar. Hij duidt er ook op dat zij belangrijk zal zijn bij het bevorderen van de heling of persoonlijke ontwikkeling van anderen. De steen belicht levendige dromen en een gevoel van bescherming voor deze periode. Maggie kan zich erop concentreren een begeleider en beschermer te zijn voor iemand in haar nabijheid of voor zichzelf.

2. DE TWEEDE DYNASTIE (Lente)
Heket rechtop

De lente is voor Maggie een tijd van nieuwe geboorte. Nieuwe kansen worden geboren uit de heling en begeleiding van het vorige seizoen. Dit is voor Maggie een uitstekende tijd om te genieten van haar huiselijk leven en perfect voor de renovatieplannen die ze heeft. Die renovatie van steen en mortel zal bijna zeker hand in hand gaan met een hernieuwing en versterking van de familiebanden. Zeer waarschijnlijk zal het feit dat ze tijd neemt om zowel fysiek als lichamelijk een sterkere thuisbasis te creëren nieuwe carrièrekansen en voorspoed tot gevolg hebben. Maggie moet zich concentreren op alles wat haar koestert en haar de komende maanden kan blijven steunen en koesteren.

De steen van Heket in deze positie zegent Maggie met energie, intentie en doel. Er wordt iets nieuws geboren; dat kan een nieuw besef van veiligheid, een nieuw gevoel van harmonie of een sfeer van spirituele verandering zijn. Het is belangrijk dat Maggie de tijd neemt om rustig na te denken, omdat de activiteit vanaf deze periode waarschijnlijk zal toenemen. Dit is ook een tijd waarin nieuwe projecten tot leven komen; voorspoed en overdaad zouden kunnen volgen.

3. DE DERDE DYNASTIE (Zomer)
Khonsu ondersteboven

De zomer is voor Maggie een tijd van jeugdige uitgelatenheid en plezier. Het zal haar goed doen luchthartig en spontaan te zijn en ze zal zich wellicht aangetrokken voelen tot mensen die jonger zijn dan zij. Het kan ook zijn dat ze een gevoel van jeugdigheid in mensen van alle leeftijden kan doen ontwaken. Als ze op dit moment inderdaad lesgeeft, is dit een zeer gunstige positie. Hij kan erop duiden dat ze werk zal vinden met kinderen en tieners, of dat ze vooral bezig is het leren leuk te maken voor mensen van alle leeftijden. De steen van Khonsu in deze positie kan er echter ook op wijzen dat Maggie een tijdje afstand van haar werk zal nemen om voor zichzelf een tweede jeugd door te maken, een speelsheid te ontwikkelen die haar familie en vrienden zal oppeppen, verlichten en plezier zal doen.

De steen van Khonsu zegent Maggie met

het vermogen mensen te helpen bij het wegnemen van hun zelfopgelegde beperkingen en het opzij zetten van hun ernst en preneties. Maar niet iedereen is bereid zich te laten gaan en mee te spelen. Mensen met een negatieve, beperkende kijk op de wereld moet Maggie uit de weg gaan. Dat zal waarschijnlijk geen groot verlies betekenen, omdat de meeste mensen haar invloed op hun leven wel zullen waarderen.

4. DE VIERDE DYNASTIE (Herfst)
Bastet rechtop

De herfst is voor Maggie een tijd van balans en overleg. Het plezier en de spontaniteit van de zomer maken plaats voor een mildere, gelijkmatigere benadering van het leven. Maggie wordt aangemoedigd zich zacht maar zelfbewust uit te spreken en haar behoeften en verlangens duidelijk kenbaar te maken. Dit is een goede tijd om met werkgevers te onderhandelen, waarbij salaris, arbeidsuren en -voorwaarden ter sprake kunnen komen. Het kan ook een tijd zijn om persoonlijke en emotionele verplichtingen opnieuw te bespreken. Maggie doet er goed aan te zorgen dat ze voldoende tijd en ruimte voor zichzelf heeft, weg van de behoeften en wensen van anderen. Als ze goed voor zichzelf zorgt, heeft ze voldoende energie om genegenheid op te brengen voor de mensen die belangrijk voor haar zijn.

Bastet moedigt Maggie aan de persoonlijke rituelen te versterken die haar in balans brengen, haar koesteren en vrijwaren van stress. Het is een gunstige tijd voor extra verwennerij of een dagelijkse routine van meditatie of rustige wandelingen. Dit is een tijd van zuivering, waarin Maggie er goed aan zou doen gewoonten, overtuigingen of gedragspatronen die haar gezondheid niet ten goede komen, aan te passen. Relaties die niet haar opperste doel of bestemming dienen, moeten opnieuw besproken worden en alles wat achterhaald is, moet terzijde worden geschoven. Het is een tijd voor sensualiteit en puurheid. Eenvoudige genoegens zullen meer sensualiteit met zich meebrengen en een zuiver doel zal een duidelijker beeld van de wensen en aspiraties voor het komende jaar opleveren. Geuren die beelden oproepen, het reukzintuig en een besef van persoonlijke ruimte zijn belangrijk.

Samenvatting

Dit is een uitstekend jaar voor Maggie, dat begint met een periode van voorbereiding en zich ontwikkelt tot een tijd van nieuwe kansen, plezier en tevredenheid. Het is een constructief jaar, waarin carrière en huiselijk leven opnieuw kunnen worden opgebouwd en de fundering kan worden gelegd voor toekomstig geluk. Er is werk, maar dat moet worden gecompenseerd door spel, rustige overpeinzingen en tijd voor persoonlijke ontwikkeling. Voorspoed gaat dit jaar samen met het ontwikkelen van een algemene kwaliteit van leven en wordt niet zozeer bereikt door voortdurend werken om de inkomsten te vergroten, waarbij geen tijd overblijft voor plezier. De nieuwe projecten, opgezet in de lente en verder ontwikkeld in de zomer, blijven de komende jaren veel voorspoed creëren. De herfst is een tijd voor zelfheling die Maggie zal voorbereiden op het werk dat nog volgt. Al met al een bevredigend, vreugdevol en vredig jaar.

DE SCHATTEN VAN DE PIRAMIDE GEBRUIKEN

De Schatten van de piramide is een combinatie van vijf stenen in de vorm van een piramide van bovenaf gezien. Dat staat voor het maken van een overzicht van een bepaalde situatie of voor het zien van het grotere geheel van je leven. De schatten die de piramide te bieden heeft zijn de geheimen van verleden, heden en toekomst in relatie tot de specifieke vraag van de vrager.

De stenen

De stenen worden ongezien uit het zakje gepakt. De eerste steen vertegenwoordigt de top van de piramide en de vier overige stenen vertegenwoordigen de vier hoeken en worden met de klok mee vanaf linksonder gelegd.

DE SCHATTEN VAN DE PIRAMIDE

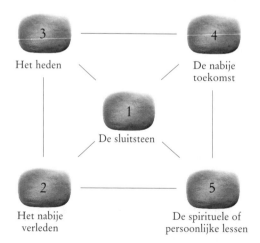

1. DE SLUITSTEEN

De eerste steen, in het midden, is de top van de piramide. Het is de sluitsteen die de vrager zelf vertegenwoordigt.

Hij staat voor de rol, aspiraties en persoonlijkheid van de vrager en werpt licht op diens hoop, angsten, wensen en onderliggende bedoelingen die hij in zijn huidige situatie meebrengt of tot brandpunt van zijn vraag maakt.

Kijk niet alleen naar de desbetreffende tekst bij Rechtop of Ondersteboven, maar beslist ook naar het stukje Kenmerken van de gekozen steen.

2. HET NABIJE VERLEDEN

De tweede steen belicht de tendensen en invloeden van het nabije verleden in relatie tot de specifieke vraag. Hij vertegenwoordigt niet per se een specifieke periode en vaak zal voor elke lezing het tijdsbestek moeten worden vastgesteld waarvoor de vraag van de vrager geldt.

Ik ga gewoonlijk uit van pakweg drie maanden voorafgaande aan het moment van de lezing.

3. HET HEDEN

De derde steen in deze combinatie staat voor de huidige positie van de vrager. Hij vertegenwoordigt de fysieke, emotionele of spirituele omgeving waarin de vrager zich momenteel bevindt en de problemen waarvoor hij zich nu geplaatst ziet.

4. DE NABIJE TOEKOMST

De vierde steen van de Schatten van de piramide belicht de tendensen en invloeden die de nabije toekomst zal brengen in relatie tot de specifieke vraag van de vrager. Net als bij de steen voor het nabije verleden, staat het tijdsbestek voor deze steen niet per se vast, maar er kan ruwweg worden uitgegaan van een periode van drie maanden vanaf het moment van de lezing.

5. DE SPIRITUELE OF PERSOONLIJKE LESSEN

De vijfde en laatste steen van deze combinatie staat voor de spirituele of persoonlijke lessen die de vrager vanuit zijn huidige situatie en het terrein van de vraagstelling ontvangt. Hij belicht het beste dat in die situatie te bereiken valt en de mogelijke persoonlijke groei. Deze steen wijst de vrager de beste weg die hij kan kiezen.

VOORBEELDLEZING

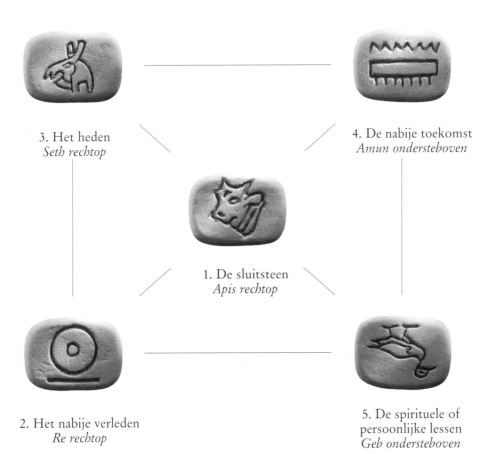

3. Het heden
Seth rechtop

4. De nabije toekomst
Amun ondersteboven

1. De sluitsteen
Apis rechtop

2. Het nabije verleden
Re rechtop

5. De spirituele of persoonlijke lessen
Geb ondersteboven

Het onderwerp van de legging heet Sam. Sam heeft al vele jaren een relatie die weliswaar liefdevol is, maar hem momenteel seksueel en emotioneel niet helemaal bevredigt. Hij is blij met het leven dat hij en zijn vriendin hebben opgebouwd, maar tegelijk gefrustreerd omdat hij niet weet wat hij moet met de behoeften die in de relatie niet goed aan bod komen. Hij wil zijn partner niet ontrouw zijn, maar weet ook niet hoe hij verder moet leven met de huidige seksuele en emotionele onvrede. Zijn vraag is: *Moet ik verdergaan in deze relatie en naar nieuwe oplossingen zoeken of haar verbreken en in mijn eentje opnieuw beginnen?*

De stenen worden in het zakje gestopt en Sam wordt gevraagd er vijf uit te nemen en voor zich neer te leggen zoals op de voorgaande bladzijde. We noteren welke stenen hij rechtop heeft gepakt en welke ondersteboven.

1. DE SLUITSTEEN
Apis rechtop

Deze steen geeft aan dat Sam een uitbreiding van zijn persoonlijke macht ervaart en veel mogelijkheden heeft om zijn spirituele doel en bijzondere gaven tot uiting te brengen, die een praktische invloed op de wereld kunnen hebben. Binnen de desbetreffende relatie is hij vriendelijk en gemakkelijk in de omgang; goed in staat de situatie te accepteren en zijn partner steun en stabiliteit te bieden. Dankzij Sams kracht en emotionele veerkracht gaat het hem prima af, maar is hij ook in staat zijn eigen behoeften langere tijd te negeren. Dat is wellicht niet zo gezond.

De steen van Apis vertegenwoordigt boodschappen. Wellicht reageert Sam op innerlijke boodschappen die hem zeggen dat het tijd is nieuwe uitdagingen aan te gaan en de wereld op een andere manier te bezien. Dat kan bijdragen aan zijn gevoelens van rusteloosheid in de relatie. Sam wil graag zijn bijzondere gaven en talenten ontwikkelen en voelt een groot verlangen zijn spirituele doel te bereiken. Het is mogelijk dat hij daartoe binnen zijn huidige huiselijke situatie niet in staat is. Apis duidt op een verandering in de relatie, maar dat kan een verandering in de communicatie en de houding zijn en hoeft niet per se op een breuk te duiden.

2. HET NABIJE VERLEDEN
Re rechtop

De steen van Re geeft aan dat Sam juist een zeer creatieve, verheffende en vreugdevolle periode in zijn leven heeft doorgemaakt. Hij is gezegend met een overdaad aan creatieve energie en een toename van zijn fysieke uithoudingsvermogen en drang. Sam heeft met het groeien van zijn inspirerende invloed wellicht veel positieve aandacht ontvangen van vrienden, familie en collega's.

Hoewel die positieve invloeden hem waarschijnlijk met zijn relatieproblemen hebben geholpen, hebben ze wellicht ook de onvrede over zijn huiselijke situatie belicht. Met de toename in energie zijn wellicht ook zijn seksuele of emotionele frustraties toegenomen. Terwijl zijn invloed en creatieve macht groeiden, benadrukten ze mogelijk de aspecten van zijn leven die een beetje vastgelopen leken te zijn. Toen er voor Sam nieuwe deuren opengingen, bijvoorbeeld in zijn carrière, kan dat gemakkelijk het verlangen hebben gewekt om ook nieuwe deuren te openen in zijn intieme relatie en emotionele uitdrukkingsvermogen.

3. HET HEDEN
Seth rechtop

Seth in deze positie geeft aan dat het heden voor Sam inderdaad een goede tijd is om nieuwe orde in zijn leven te scheppen. Het zal misschien een zeer chaotische periode lijken wanneer elk aspect van Sams leven en relatie in twijfel wordt getrokken. De oude manier om met zijn vriendin om te gaan werkt niet meer voor Sam. Hij heeft diverse methodes geprobeerd om de verschillen in emotionele behoefte op te lossen of ermee te leren leven, maar zonder succes. Hoe verontrustend en pijnlijk deze periode ook mag zijn voor Sam en zijn partner, zij is voor beiden vervuld van groei en mogelijkheden.

De steen van Seth geeft aan dat Sams hogere bewustzijn duidelijk van zich laat horen en dat zijn hogere doel tevoorschijn komt en drastische veranderingen in ieder aspect van zijn leven veroorzaakt. Er kunnen veel positieve veranderingen voortkomen uit het conflict in de relatie, in de huidige situatie en vooral in Sam zelf. De goddelijke betekenis van deze steen stimuleert tot een discussie die Sam helpt zijn motieven, verlangens en keuzes te overdenken. Hij krijgt de kans over zijn tegenstrijdige gedachten en gevoelens te praten en die te beoordelen.

Sam beseft dat zijn verlangen om zijn relatie te doen slagen heel sterk is. Als hij er vast van overtuigd was dat deze relatie niet goed voor hem was of dat hij elders een beter leven kon hebben, zou hij waarschijnlijk al eerder met zijn vriendin gebroken hebben. Hij is zijn partner nog altijd erg toegenegen en haalt nog altijd veel voordeel uit de relatie, ondanks zijn frustraties. Seth herinnert ons eraan dat we tot buitengewone compromissen in staat zijn en dat het conflict, en niet de oplossing, de meest spectaculaire spirituele en persoonlijke groei mogelijk maakt.

Algemeen gesproken zou de steen van Seth in deze positie kunnen wijzen op een breuk, maar evengoed op flinke opschudding in de relatie, waaruit een nieuw en beter begrip te voorschijn kan komen. Het kan allebei, maar gezien Sams persoonlijkheid zal hij waarschijnlijk voor het laatste kiezen, in elk geval voorlopig. De volgende twee stenen kunnen hierover opheldering verschaffen.

4. DE NABIJE TOEKOMST
Amun ondersteboven

Deze steen duidt erop dat Sam een nieuwe periode in zijn leven ingaat, waarin hij de behoeften van anderen boven die van hemzelf zal stellen. Hij zal vervulling en bevrediging vinden door anderen te steunen in hun groei en ontwikkeling, ook al betekent dat dan dat hij zijn eigen verlangens en ambities voorlopig opzij moet zetten. Gesuggereerd wordt dat hij zeer succesvol zal zijn wanneer hij zijn aandacht van zijn eigen succes heeft afgewend en volledig op de dienstbaarheid aan anderen heeft gericht.

De steen van Amun doet vermoeden dat Sam zijn aandacht zal verplaatsen van zijn eigen behoeften, waaraan in de relatie niet wordt beantwoord, naar het genoegen dat hij kan ervaren door de behoeften van zijn vriendin voorop te stellen. De seksuele en emotionele verschillen die tot conflicten leiden, zullen minder belangrijk worden. In plaats daarvan zal hij zich bezighouden met het grotere voordeel van de relatie en misschien de vriendschaps- en familiebanden van beide partijen. Sams vriendin heeft misschien zijn steun nodig in deze periode; wanneer hij haar die geeft, zal hem dat grote bevrediging en spirituele groei opleveren. Dat wil niet zeggen dat Sams eigen behoeften genegeerd, onderdrukt of definitief terzijde geschoven moeten worden. Ze zullen alleen tijdelijk wat minder belangrijk voor hem zijn en wellicht kan Sam er door zijn veranderde houding beter mee omgaan.

Het zou Sam goeddoen zichzelf te zien als een beschermengel en te blijven zoeken naar creatieve oplossingen voor zijn huidige situatie. Hoe kan zijn aanwezigheid anderen, inclusief zijn vriendin, tot voordeel strekken? Hoe kan hij zichzelf blijven geven vanuit een positie van kracht en gratie waarin hij zijn eigen gevoelens erkent, in plaats van vanuit een toestand van martelaarschap, zelfontkenning en verbittering? Deze steen suggereert dat Sam, door meer van zichzelf te geven, in staat is bijzondere oplossingen te vinden die hem zullen helpen boven zijn huidige dilemma uit te stijgen. Zijn dienstbaarheid zal niet alleen anderen ten goede komen, maar hem ook een overdaad aan onverwachte en magische beloningen opleveren.

5. DE SPIRITUELE OF PERSOONLIJKE LESSEN

Geb ondersteboven

Deze laatste steen brengt ons bij de kern van de zaak; hij belicht de spirituele of persoonlijke lessen die Sam te wachten staan. Dat Geb ondersteboven ligt, duidt erop dat Sam iets leert over leiderschap, gezag en verantwoordelijkheid. Zijn huidige situatie kan zijn leiderschapskwaliteiten versterken. Door de problemen die hij in zijn relatie meemaakt zal Sam beter in staat zijn anderen met soortgelijke problemen leiding en begeleiding te geven. Deze situatie stimuleert Sam voortdurend om na te denken over de verantwoordelijkheid voor zijn eigen behoeften en de gezamenlijke verantwoordelijkheid van hem en zijn vriendin voor hun beider succes en welzijn.

Geb is de god van de aarde en kan ons als zodanig de aardse lessen leren over overleving, onderhoud en koestering. Onze pogingen onszelf te voeden en te onderhouden en voor de mensen te zorgen die we liefhebben, kan ons spiritueel leer- en groeiproces ondersteunen. In Sams geval kan dat betekenen dat de koestering en stabiliteit die hij zijn vriendin biedt, hen beiden helpt te groeien. Het doet ook vermoeden dat het goed zou zijn als hij minder nadruk legde op de behoeften waaraan nu niet wordt voldaan en meer op de overdaad aan materiële en emotionele steun die zijn vriendin hem kan geven.

Dit is een zeer vruchtbare steen, wat inhoudt dat de kans op nieuwe groei en nieuwe oplossingen groot is. Het is ook een steen van ouderlijk gezag, wat doet vermoeden dat de wortels van dit dilemma, maar ook mogelijke oplossingen te vinden zijn in Sams relatie met een vader- of grootvaderfiguur. Misschien herhaalt Sam een patroon van frustratie binnen de relatie dat lijkt op dat van zijn vader of grootvader. Het is ook mogelijk dat hij zich verzet tegen de keuzes, adviezen of verwachtingen van een prominent mannelijk voorbeeld.

Als Sams vader bijvoorbeeld uit plichtsgevoel lang in een ongelukkig huwelijk is gebleven, is het mogelijk dat Sam vreest in eenzelfde situatie gevangen te zullen raken. Die vrees kan er sterk toe bijdragen dat Sam zijn eigen frustrerende relaties creëert, of er bij de eerste tekenen van problemen uitstapt, in plaats van zijn best te doen een bevredigende oplossing te zoeken. Sam heeft misschien de verzekering nodig dat hij weliswaar gezegend is met alle positieve eigenschappen die hij van zijn vader heeft geërfd, maar dat hij niet het patroon waarmee hij is opgegroeid hoeft te herhalen. Hij heeft het vermogen unieke nieuwe kansen en oplossingen te creëren.

Samenvatting

De gekozen stenen kunnen duiden op een breuk, of op een radicale verandering in de relatie die dan zal opbloeien. Het is allebei mogelijk, maar Sams persoonlijkheid en de aard van de dingen die hij tijdens deze lezing over zichzelf gaat beseffen, doen vermoeden dat hij geneigd is bij zijn vriendin te blijven en een manier te zoeken om hun relatie tot een succes te maken. Hoe dan ook, er zal veel veranderen in de relatie en Sam doet er goed aan alles zo goed mogelijk met zijn partner te bespreken. Hij kan oplossingen zoeken door:

• Te erkennen wat hij en zijn vriendin hebben gecreëerd en de nadruk te leggen op de positieve, bevredigende aspecten daarvan.
• Zijn aandacht te richten op wat hij actief voor zijn vriendin kan doen, in plaats van alleen op zijn eigen behoeften.
• Zijn best te doen zijn behoeften aan zijn vriendin kenbaar te maken zonder haar te beschuldigen. Goede communicatie berust niet op wederzijdse beschuldigingen, maar veeleer op een eerlijke uitwisseling van behoeften en gevoelens. Het zou goed zijn voor Sam als hij bereid was te luisteren, verder te bouwen op wat goed is in hun relatie en te overleggen over voor beiden bevredigende verbeteringen.
• Samen met zijn vriendin een ervaren relatietherapeut te bezoeken die in staat is constructief te bemiddelen, en misschien een paar keer naar een sekstherapeut te gaan.
• Zelf in therapie te gaan. Dat kan nuttig zijn als zijn vriendin niet naar een relatietherapeut wil of als hij extra ruimte nodig heeft om zijn gedachten en gevoelens op een rijtje te zetten voordat hij veranderingen in de thuissituatie doorvoert.
• Nieuwe manieren te zoeken om zijn eigen behoeften te koesteren en bevredigen, die geen eisen stellen aan zijn vriendin.
• Over een half jaar zijn situatie nog eens te bekijken. Misschien is Sam dan beter in staat te beslissen of de relatie verder groeit of dat die hem blijft frustreren of teleurstellen. Als hij oprecht getracht heeft nieuwe oplossingen te vinden en het gevoel heeft dat daar geen voor beiden bevredigende oplossingen uit zijn gekomen, kan hij nog beslissen de relatie te verbreken. De lezing suggereert echter dat dit onwaarschijnlijk is.

DE RELATIE GEBRUIKEN

De Relatie is een combinatie van twee stenen die verlichting brengt en duidelijkheid geeft over een relatie. Dat doet hij door de onderliggende krachten van spirituele dynamiek binnen de relatie te belichten. Hij biedt de vrager nuttige inzichten in zijn familierelaties, vriendschappen, zakenrelaties en romantische relaties. Dat kan een nieuw bewustzijn opleveren vanuit verleden, heden of toekomst.

De stenen

Er worden ongezien twee stenen uit het zakje genomen en van links naar rechts voor de vrager neergelegd.

DE RELATIE

U in de relatie   De ander in de relatie

1. U IN DE RELATIE

De eerste steen die wordt gepakt staat voor u zelf in de relatie. Hij vertegenwoordigt de vrager en staat voor zijn hoop, aspiraties, aanleg en overheersende karaktereigenschappen in verband met de desbetreffende relatie.

De steen vertegenwoordigt ook zijn onderliggende rol binnen de relatie en de spirituele invloed die hij waarschijnlijk heeft op de andere persoon in deze combinatie.

Het is belangrijk op te merken dat deze steen alleen de vrager vertegenwoordigt in deze ene specifieke relatie en dus niet moet worden gezien als een algemene vertegenwoordiging van de persoon. Komt dezelfde steen echter ook in andere lezingen telkens terug als vertegenwoordiger van de vrager, of als een van de zeven stenen in de combinatie van het Oog van Horus, dan zegt hij waarschijnlijk ook in ruimere zin meer over de persoonlijke en spirituele mogelijkheden van de vrager.

Ligt deze steen rechtop, kijk dan bij de tekst onder de kopjes Rechtop en Kenmerken van de desbetreffende steen. Ligt hij ondersteboven, lees dan de tekst onder Ondersteboven en Kenmerken.

2. DE ANDER IN DE RELATIE

De andere steen staat voor de tweede persoon in de relatie. Hij weerspiegelt deze persoon op dezelfde manier als de eerste steen de vrager. Hij geeft de rol in de betreffende relatie aan en de spirituele invloed die de vrager ervan ondergaat.

Houdt goed in de gaten dat ook deze steen alleen representatief is voor deze persoon binnen deze ene specifieke relatie; de steen geldt niet als algemene vertegenwoordiger van de persoon.

Ligt deze steen rechtop, kijk dan bij de tekst onder Rechtop en Kenmerken van de desbetreffende steen. Ligt hij ondersteboven, kijk dan bij Ondersteboven en Kenmerken.

VOORBEELDLEZING EEN

1. U in de relatie
Horus ondersteboven

2. De ander in de relatie
Isis rechtop

Het onderwerp van de lezing heet Diane. Ze wil de onderliggende spirituele band tussen haar en haar zoontje beter begrijpen. Diane is tweeëndertig; haar zoon Simeon is zes. Ze gelooft in reïncarnatie en vermoedt dat zij en Simeon een relatie voortzetten die ze in een eerder leven zijn begonnen. Haar vraag is: *Wat is de onderliggende spirituele band tussen mijn zoon en mijzelf en waarom hebben we ervoor gekozen in dit leven weer samen te zijn?*

De stenen worden in het zakje gestopt en Diane wordt gevraagd er ongezien twee uit te nemen en voor zich neer te leggen en te noteren of ze rechtop of ondersteboven liggen. De eerste steen vertegenwoordigt Diane zelf en de tweede haar zoon.

1. U IN DE RELATIE
Horus rechtop

Deze steen laat zien dat Diane een positieve, visionaire invloed op haar zoontje heeft. Ze helpt hem het grotere geheel van het leven te zien en te genieten van het plezier en de vrijheid van de wereld om hem heen. Ze is niet overdreven beschermend, maar goed in staat hem te stimuleren avontuurlijk te zijn en zijn horizon te verruimen. De steen van Horus geeft aan dat het moederschap voor Diane ook positief en evolutionair is. Haar relatie met Simeon maakt het haar mogelijk meesteres te zijn over haar eigen leven en biedt haar een zekere mate van steun en bescherming die haar zelfvertrouwen opkrikt. Haar vermogen te communiceren wordt versterkt en in plaats van de zorg voor een klein kind als beperkend en belastend te ervaren, is die verantwoordelijkheid voor haar bevrijdend en helpt die haar om haar spirituele lotsbestemming te bereiken. Kortom, het feit dat ze Simeon als haar zoon heeft, maakt dat Diane zich jeugdiger, levender en wilskrachtiger voelt.

2. DE ANDER IN DE RELATIE
Isis rechtop

De steen laat zien dat Simeon erg beschermend is ingesteld ten opzichte van zijn moeder. Hij is haar erg toegewijd en zijn trouw brengt haar beste eigenschappen bij haar naar boven, geeft haar de kans extraverter en zelfverzekerder te zijn. Simeon beantwoordt Diane's behoeften en gevoelens zeer wijs; hij geeft haar leven betekenis. Hij heeft een magische en innemende persoonlijkheid die hem tot een prima metgezel maakt.

De steen van Isis geeft aan dat Simeon wellicht geneigd is een ouder te zijn voor zowel oudere als jongere leden van zijn familie, en met name zijn moeder. Hij is een erg pientere en sterke persoonlijkheid, heeft een sterke wil en is extreem barmhartig. Zijn natuurlijke volwassenheid moet erkend en gerespecteerd worden, maar dat geldt ook voor zijn recht om kind te zijn. Het zou goed voor hem zijn als Diane hem al op jonge leeftijd een zekere mate van verantwoordelijkheid voor bepaalde keuzes liet nemen, maar het zou hem geen goed doen als ze te veel op hem leunt of de emotionele steun van hem verwacht die ze beter bij volwassenen kan zoeken.

Samenvatting

De stenen van Horus en Isis bij elkaar duiden inderdaad op een zeer sterke band. Het is interessant om op te merken dat er in deze moeder-zoonrelatie een neiging is tot rolverwisseling. De moeder, Diane, wordt vertegenwoordigd door de koninklijke zoon, Horus, terwijl haar kind vertegenwoordigd wordt door het krachtige moederlijke archetype, Isis. Dat is niet ongewoon in ouder-kindrelaties, waar veel kinderen geboren worden met grotere innerlijke wijsheid en kracht dan hun ouders. Veel kinderen zijn een 'ouder' voor hun eigen vader of moeder.

Vanuit het perspectief van reïncarnatie suggereert deze combinatie dat deze twee zielen eerder zijn samengeweest. Een vorige relatie had waarschijnlijk eenzelfde spirituele dynamiek, maar mogelijk was Simeon daarin fysiek de ouder en Diane het kind.

Simeons aanwezigheid in Diane's leven maakt het haar mogelijk haar lotsbestemming te vervullen en geeft haar een doel dat haar visionaire gaven stimuleert. Ze zal misschien zelfs ontdekken dat ze helderziend of paranormaal begaafd is. Diane's aanwezigheid in Simeons leven stimuleert hem zijn aangeboren bewustzijn te versterken en verruimt zijn visie op de wereld. Zijn relatie met haar geeft hem wellicht zelfs het gevoel dat hij onafgehandelde zaken alsnog kan afhandelen. De relatie zal voor hem ook gelukkig en bevredigend zijn.

De genoemde spirituele rolverwisseling laat zien hoezeer onze uiterlijke verschijning kan afwijken van onze innerlijke, spirituele identiteit, bestemming en mogelijkheden.

VOORBEELDLEZING TWEE

1. U in de relatie
Anat ondersteboven

2. De ander in de relatie
Min rechtop

Het onderwerp van deze legging is Rachel. Rachel heeft op haar werk een man ontmoet tot wie ze zich aangetrokken voelt. Zijn naam is John en hij is pas overgeplaatst van een andere tak van hetzelfde bedrijf naar Rachels afdeling. Hoewel ze nog maar kort samenwerken en elkaar niet echt goed kennen, lijken ze veel gemeen te hebben. Ze zijn bovendien allebei alleen en John heeft aangegeven dat hij graag wat tijd met Rachel zou doorbrengen buiten kantooruren. Haar vraag is: *Zou het beter zijn de relatie puur professioneel te houden en John als collega te blijven zien, of kan ik mezelf toestaan een diepere vriendschap te laten groeien?*

De stenen worden in het zakje gestopt en Rachel wordt gevraagd er ongezien twee uit te nemen en voor zich neer te leggen. De eerste steen staat voor Rachel zelf en de tweede voor haar collega John. We noteren welke steen rechtop ligt en welke ondersteboven en lezen de bijbehorende teksten.

1. U IN DE RELATIE
Anat ondersteboven

Deze steen geeft aan dat Rachel een zeer hartstochtelijke, onbevreesde en impulsieve kracht is binnen deze relatie. Haar motivatie is seksueel van aard en haar invloed op John is mogelijk zeer motiverend, enthousiast en ondernemend. Ze heeft de macht John aan te zetten tot directe, bezielende daden. Dat kan zeer positief zijn als de relatie puur professioneel blijft. Zorgvuldig gerichte hartstocht kan een duidelijk voordeel blijken te zijn voor hun samenwerking en hen allebei de energie en pit geven om hun carrière te ontwikkelen.

Als Rachel John overhaalt tot een intiemere relatie met haar, geeft de steen van Anat aan dat ze waarschijnlijk een uiterst hartstochtelijke vereniging zal weten te creëren. Omdat haar motivatie echter vooral seksueel is, moet ze toch voorzichtig zijn. Is ze emotioneel stabiel genoeg om te zorgen dat haar werk er niet onder lijdt als haar relatie met John intiemer wordt? Hebben ze echt voldoende met elkaar gemeen om een evenwichtige, stabiele relatie te creëren die kan standhouden en hun carrières niet zal verstoren? Deze steen geeft aan dat Rachel John gemakkelijk zou kunnen overhalen tot een verhouding waar hij nog niet aan toe is. Het zal waarschijnlijk leuk en opwindend zijn, maar het zou ook behoorlijk kunnen knallen.

2. DE ANDER IN DE RELATIE
Min rechtop

Deze steen geeft aan dat John evenzeer seksueel gemotiveerd is als Rachel. Hij is bereid zijn remmingen te laten varen en zich in een zorgeloze seksuele relatie te storten. Hij hoeft niet echt te worden overgehaald, omdat hij toch al een verhoogde neiging tot pleziermaken en feestvieren heeft. Rachel stimuleert slechts de hartstocht waaraan John uiting wil geven. Liefde, gelach en fysieke sensualiteit zijn voor John erg belangrijk en Rachel is voor hem een geschikte persoon om die mee te delen. Zijn verhouding met Rachel zal voor hem waarschijnlijk geen schuldgevoel meebrengen en zijn carrière niet nadelig beïnvloeden.

De steen van Min geeft aan dat John in een fase verkeert waarin hij het gevoel heeft aan een relatie met Rachel toe te zijn. Dat wil echter niet zeggen dat de relatie kans heeft tot iets vasts uit te groeien. Hoe dan ook, Johns leven zal door Rachel eerder positief gestimuleerd dan verstoord worden. Hij zal voor haar een leuke en hartstochtelijke minnaar zijn en zij zal een opwindende, transformationele invloed op hem hebben.

Samenvatting

De stenen van Anat en Min bij elkaar duiden erop dat een hartstochtelijke verhouding tussen John en Rachel bijna onvermijdelijk is. Rachel moet echter wel goed nadenken over haar situatie en de consequenties voor haar emotionele leven en professionele status. Ze kan nu nog kiezen voor een bezielende professionele relatie die hen beiden kan inspireren tot een fantastische carrière. Dat kan nog altijd als ze een seksuele relatie krijgen, maar dat zal veel meer risico's en complicaties meebrengen; deze combinatie van stenen geeft aan dat Rachel meer kans heeft gefrustreerd te raken door het moeten combineren van werk en plezier dan John.

Als John en Rachel niet samenwerkten, zouden deze stenen op een zeer positieve seksuele vereniging duiden die alle kans heeft zich tot iets interessants te ontwikkelen, zij het niet noodzakelijk voor lange duur.

Als Rachel naar meer verlangt, zou het beter zijn als ze nog even wacht, zijn interesse vasthoudt, maar er niet met beide voeten in springt eer hun vriendschap sterker is. Vanwege de professionele band zijn voorzichtigheid en discretie aan te raden. Te oordelen naar de beide stenen lijkt de kans echter niet groot dat verstandig advies nu opgevolgd zal worden. Het leven is immers leuker als we wat risico's nemen!

ANDERE TOEPASSINGEN VAN DEZE COMBINATIE

Er zijn veel manieren om de Relatie-legging te gebruiken om een relatie tussen twee personen beter te leren begrijpen en er meer inzicht in te krijgen. Hij kan gebruikt worden door een stel dat meer wil weten over de huidige invloeden die in hun relatie spelen.

Elke persoon kan zelf de steen kiezen die hem of haar in de relatie vertegenwoordigt. De twee stenen worden dan met elkaar vergeleken op een soortgelijke manier als hierboven beschreven. Deze methode is geschikt voor vriendschappen, zakenrelaties, familierelaties en romantische relaties.

De combinatie kan ook worden gebruikt door een persoon die meer wil weten over de invloeden binnen een relatie die de loop van zijn of haar leven sterk heeft beïnvloed. Een voor de hand liggend voorbeeld daarvan is de stenen kiezen voor uw ouders of ouderfiguren.

De eerste steen kan dan de moeder zijn, de tweede de vader en een derde steen kan worden toegevoegd voor u in relatie tot uw ouders.

Krachtige combinaties van stenen

Sommige van de door de stenen vertegenwoordigde goden en godinnen hebben unieke en krachtige relaties. De invloed van die stenen wanneer ze samen worden gekozen in de relatie-combinatie is groter dan hun afzonderlijke goddelijke betekenis als de stenen apart worden gekozen. Dit is slechts een selectie van stenen die, wanneer ze samen gekozen worden, op een zeer krachtige relatie kunnen duiden. Er zijn veel meer krachtige relaties, zoals u zult merken wanneer u *Het Egyptische orakel* gebruikt.

GEB EN NUT

Dit is een grootvader-grootmoederrelatie, die duidt op een stel verstandige, wijze personen die elkaar perfect aanvullen en in balans brengen. De een brengt meer stabiliteit in de relatie, terwijl de ander voor meer stimulans tot groei en uitbreiding zorgt. Dit is een uitstekende combinatie voor een huwelijk, omdat zij aangeeft dat de beide partners zich samen zullen blijven ontwikkelen, al houdt dat in dat zij ook goed is voor de meeste andere langdurige relaties. Deze combinatie kan ook duiden op een al bestaande relatie die is meegebracht uit een vorig leven.

APIS EN IMHOTEP

Dit is een sterke vader-zoonrelatie. Binnen deze combinatie staat Apis voor de schepper-god Ptah, die in de triade van Memphis de vader was van Imhotep. Dit kan de basis zijn voor een uitstekende zakelijke relatie en staat voor het effectieve teamwork dat het gevolg kan zijn wanneer men dezelfde doelstellingen en oogmerken heeft. Beide partijen kunnen zich door hun werk 'onsterfelijk maken' en zowel spiritueel als materieel succes behalen. Ze hebben beiden goede communicatieve vaardigheden, al zal de persoon die door Apis wordt vertegenwoordigd eerder de verkoper, de voorzitter, het boegbeeld of de public relations-man zijn, en de persoon die door Imhotep wordt vertegenwoordigd eerder de creatieve inspiratie als ontwerper, projectleider, technicus of artistiek of literair genie. De Apis-persoon zal waarschijnlijk de oudere partner zijn en de Imhotep-persoon de jongere partner die over de know-how beschikt, hoewel in feite hun rollen gelijkwaardig zijn en elkaar aanvullen.

Als een stel dat al lang getrouwd is of een relatie heeft deze twee stenen kiest, wijst dat erop dat ze een heel goed team zijn en zouden kunnen overwegen samen een zaak te leiden, als ze dat al niet doen.

AMUN EN RE

Dit is een uitstekende combinatie die duidt op een relatie met kracht, macht en buitengewone creativiteit. Dit is een goed politiek of creatief partnerschap van charismatische individuen die afzonderlijk al zeer effectief zijn, maar wier vermogens worden vermenigvuldigd wanneer ze samenwerken, waardoor hun invloed zich verder kan uitstrekken dan wanneer ze voor zichzelf werken. Dit is een hartstochtelijke vereniging waarin elke persoon wordt aangestoken door het enthousiasme van de ander. Hun ego's kunnen wel eens botsen, omdat beide personen in deze relatie graag de sturende kracht zijn en erkenning ontvangen. Die rivaliteit is echter gewoonlijk goed op te lossen. Degene die door Amun wordt vertegenwoordigd zal wellicht de machtigste van beiden worden, terwijl de persoon die door Re wordt vertegenwoordigd eerder in het middelpunt van de belangstelling zal staan. Beide personen moeten leren de macht en de schijnwerpers te delen om deze relatie volledig tot bloei te laten komen en er alles uit te halen wat er in zit.

ENKELE ANDERE KRACHTIGE COMBINATIES	
	Sleutelwoorden
OSIRIS EN ISIS	Goed huwelijk, liefdevolle vereniging, vervulling van spirituele mogelijkheden
SETH EN NEPHTHYS	Conflict van belangen, vervreemding, vervulling van persoonlijke lotsbestemming
OSIRIS EN HORUS	Vader-zoonrelatie, spirituele nabijheid in contrast met fysieke of emotionele afstand, gelijk doel, opvolging
OSIRIS EN NEPHTHYS	Broederlijke of zusterlijke relatie, plezierige verhouding, verleiding, familietrouw
ISIS EN NEPHTHYS	Zusterschap of broederschap, vertrouwen, familiesteun, aanvullende belangen, empathie
KHNUM EN HAPY	Voorspoed, overvloed, plezierig partnerschap, nieuwe projecten, creatieve eenheid, spirituele versterking, professionele steun

HET OOG VAN HORUS GEBRUIKEN

Het Oog van Horus is een combinatie van zeven stenen die in de vorm van een oog wordt gelegd. Deze combinatie is een totem van macht, creativiteit en spiritueel doel, die normaal slechts één keer voor een persoon wordt gelegd. Zij kan echter nog vele malen worden geraadpleegd als basis voor andere lezingen en persoonlijke steun. Zij is heel bruikbaar om vragen te beantwoorden die zich voordoen wanneer een dieper inzicht noodzakelijk is. Dit is een combinatie van verlichting, die datgene belicht wat al bekend is van de levensweg van de vrager en die onthult wat deze nog niet ziet; zij brengt kennis en besef van de verborgen talenten, bijzondere gaven en spirituele bestemming. Zij onthult aspecten van de spirituele blauwdruk die we met, of zelfs al voor, de geboorte hebben gekozen en waar we gedurende ons leven mee werken.

Het is wel verstandig eerst bekend te raken met de stenen en de archetypen die ze vertegenwoordigen alvorens u aan een lezing begint waarbij u deze combinatie gebruikt. Het helpt vaak om eerst te oefenen met de andere combinaties die in dit deel beschreven worden; dan kunt u leren de tekst te combineren met uw intuïtie en uw eigen stijl als lezer van de stenen te ontwikkelen. Het is ook goed deze combinatie voor uzelf te leggen en te lezen alvorens u dat voor anderen doet. Op die manier raakt u alvast een beetje bekend met de problemen, nuances en diepte van de diverse archetypen waarmee u in een dergelijke lezing te maken kunt krijgen.

Hoe te beginnen

Bij deze combinatie is het erg belangrijk de juiste sfeer te creëren. Denk er dus aan dat u met zorg uw omgeving kiest en uw 'heiligdom' creëert. Bedenk wel dat het gewoonlijk veel tijd kost om deze lezing goed te doen. Ik zou zeggen minstens drie kwartier als u de lezing voor uzelf doet en minstens een uur als u hem voor iemand anders doet.

VOOR UZELF LEZEN

Doet u deze lezing voor uzelf, dan hebt u pen en papier of een cassetterecorder nodig om de posities van de stenen en vlagen van inspiratie die u ontvangt te noteren.

Dit is gewoonlijk een eenmalige lezing, dus hoe meer tijd u uzelf gunt om haar te verwerken, hoe beter u haar later zult begrijpen wanneer u haar als belangrijke persoonlijke richtlijn gebruikt. Duidelijke notities zullen in dit geval beslist een groot voordeel blijken.

VOOR IEMAND ANDERS LEZEN

Wanneer u de stenen voor iemand anders leest, kunt u het beste pen en papier en een cassetterecorder bij de hand houden. Met pen en papier kunt u de posities van de stenen noteren voor toekomstig gebruik en met de recorder kunt u de lezing en de dialoog tussen u en de vrager opnemen. Doe dit echter niet als de vrager dat niet wil of zich er niet prettig bij voelt; informeer daarnaar voor u begint.

De stenen

De stenen worden ongezien uit het zakje genomen en in de vorm van een oog gelegd. De eerste steen vertegenwoordigt de pupil en de andere worden daar vanaf rechtsboven met de klok mee omheen gelegd. Elke steen belicht een aspect van de essentiële spirituele blauwdruk van de vrager. Deze blauwdruk omvat de spirituele oorsprong van de vrager, de lessen die hij in dit leven moet leren en de uiteindelijke spirituele richting die voortkomt uit de keuzes die de vrager tot dusver heeft gemaakt.

De stenen in het midden en rechts van de combinatie, steen een, twee, drie en vier, belichten wat al vaststaat, de spirituele oorsprong, karaktereigenschappen en onderliggende keuzes van de vrager. De stenen links, steen vijf, zes, zeven en acht, belichten wat nog niet bekend is, de toekomstige levenslessen en ultieme spirituele bestemming van de vrager.

HET OOG VAN HORUS

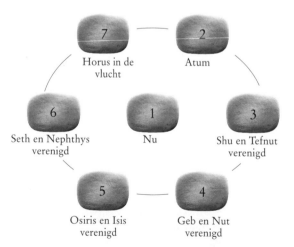

1. NU

De eerste steen wordt in het midden gelegd en stelt de pupil voor. De steen van Nu vertelt over de essentiële aard van de ziel, hoe die was aan het begin van de schepping of het begin van zijn leven, en over de aangeboren eigenschappen die hem uit de vormeloosheid haalden en tot leven brachten. Dit is de vrager in zijn zuiverste vorm. Dit is ook zijn diepere persoonlijkheid met zijn driften, motivaties en unieke creatieve mogelijkheden. De steen van Nu vertegenwoordigt onze spirituele oorsprong, maar ook een aspect van onze ultieme spirituele richting. We komen vanuit vormeloosheid tot leven en keren terug naar vormeloosheid, naar onze ware identiteit, wanneer we onze levenslessen hebben geleerd.

Ligt deze steen rechtop, lees dan de tekst onder de kopjes Rechtop en Kenmerken. Ligt hij ondersteboven, kijk dan bij Ondersteboven en Kenmerken.

De steen van Nu die we in ons Oog van Horus leggen heeft een speciale betekenis voor ons, wanneer we hem ook pakken, apart of als deel van een andere combinatie. Hij is de rest van ons leven een waardevol stuk gereedschap voor verdere overpeinzing en verduidelijking. Regelmatig gebruik van de meditatie en positieve gedachten die bij deze steen horen, zullen ons helpen de kracht van onze ware aard te doen ontwaken.

2. ATUM

De steen wordt schuin rechts boven de eerste gelegd. De steen van Atum vertelt over de uiterlijke persoonlijkheid, de gezichten, uiterlijke eigenschappen en kracht die de vrager in deze wereld heeft aangenomen. Dit is de steen die vertelt hoe we onszelf hebben geschapen, welke invloed onze aanwezigheid heeft op andere mensen en hoe ze ons zien.

De steen van Atum is ook de steen van de jeugd en kan ons herinneren aan vroege lessen, drama's, relaties en successen. Veel van die invloeden werken wellicht nog steeds in ons volwassen leven door.

Ligt deze steen rechtop, lees dan de tekst onder het kopje Rechtop. Ligt hij ondersteboven, lees dan de tekst onder het kopje Ondersteboven.

3. SHU EN TEFNUT VERENIGD

De derde steen vertegenwoordigt de rechterooghoek. Dit is de steen van Shu en Tefnut in vereniging en vertelt ons over de sfeer en omgeving die we om ons heen creëren. Waar leren we onze belangrijkste levenslessen? Welke mensen worden tot ons aangetrokken? Wat zijn onze overheersende gevoelens en emoties? Welke overtuigingen en eigenschappen kleuren ons leven en beïnvloeden de keuzes die we maken? Shu is de god van de lucht en Tefnut de godin van vocht. Deze steen vertegenwoordigt de lucht en vochtigheid van ons leven; de luchtbel van bewustzijn die we meedragen om de lessen te ondersteunen die we hebben verkozen te leren.

Deze steen verwijst ook naar de periode van puberteit tot volwassenheid in het leven van de vrager. Hij staat voor onze plaats in het gezin en voor het proces van onafhankelijk worden van het gezin, zodat we onze eigen persoonlijkheid kunnen versterken en ons stempel op de wereld kunnen drukken.

Ligt deze steen rechtop, lees dan de tekst onder het kopje Rechtop. Ligt hij ondersteboven, kijk dan onder het kopje Ondersteboven.

4. GEB EN NUT VERENIGD

De vierde steen is de steen van Geb en Nut in vereniging. Hij staat voor ons spirituele bereik; onze 'aarde en lucht'.

Dit zijn de fundamentele spirituele lessen die we hebben verkozen te leren in dit leven. Hij biedt een algemene blauwdruk voor onze spirituele en materiële ontwikkeling.

Het 'aarde-aspect' is de spirituele kennis die we krijgen door ons overleven, onze relatie tot de materiële wereld en tot ons lichaam en onze emoties. Het 'luchtaspect' is de spirituele kennis die we krijgen door onze spirituele visie, onze relatie tot de nietfysieke rijken en onze relatie tot onze geest en hogere rede.

Lees alleen voor deze steen de tekst onder Rechtop en Ondersteboven. Ligt de steen rechtop, lees dan de tekst onder Rechtop voor het 'luchtaspect' en die onder Ondersteboven voor het 'aarde-aspect'. In het algemeen betekent een steen die in deze positie rechtop ligt dat we het meest kunnen leren van onze relatie tot andere mensen, daden en activiteiten, al betekent het niet dat dat de relatie tot onszelf, stilte en overpeinzing niet belangrijk zijn voor onze ontwikkeling. Ligt deze steen ondersteboven, lees dan de tekst onder Ondersteboven voor de 'lucht' en die onder Rechtop voor de 'aarde'. In het algemeen betekent een steen die in deze positie ondersteboven ligt dat we het meest kunnen leren van de relatie tot onszelf, van stilte en overpeinzing, al betekent het niet dat onze relatie tot anderen, daden en activiteiten niet belangrijk zijn voor onze ontwikkeling.

5. OSIRIS EN ISIS VERENIGD

De vijfde steen is de steen van Osiris en Isis in vereniging. Hij staat voor onze persoonlijke macht, bijzondere gaven, onze soevereiniteit en ons geboorterecht. Dit is de rol of positie die we in dit leven moeten scheppen of erven. Deze steen vertegenwoordigt onze weg naar onsterfelijkheid: het samenkomen van onze unieke magie (Isis) en onze universele macht (Osiris). Deze vereniging leidt tot het bereiken van ons goddelijke doel.

Deze steen verwijst ook naar de voornaamste rol die we in ons volwassen leven aannemen en naar onze bijdragen aan de wereld om ons heen.

Ligt deze steen rechtop, lees dan de tekst onder het kopje Rechtop. Ligt hij ondersteboven, lees dan de tekst onder Ondersteboven.

6. SETH EN NEPHTHYS VERENIGD

De zesde steen komt uiterst links te liggen en staat voor de linkerooghoek. De steen van Seth en Nephthys in vereniging staat voor onze grootste uitdagingen, zowel uiterlijk als innerlijk. Hij kan een aspect van ons leven of onze persoonlijkheid vertegenwoordigen dat we niet aankunnen of niet onder controle hebben. Hij toont onze weg naar zelfheling en vertegenwoordigt de krachten die we aantrekken om de volledigheid die we nastreven te stimuleren. Dit kan gezien worden als onze schaduwzijde van onerkende of tegenstrijdige gevoelens die naar het licht van aanvaarding en integratie toegroeien.

Deze steen verwijst ook naar de verborgen rol die we in ons volwassen leven aannemen, de karaktertrekken die we verbergen voor onszelf of onze diepere persoonlijkheid. Dat kunnen bijvoorbeeld geheime fantasieën of verborgen angsten zijn. Die aspecten van onze persoonlijkheid moeten we erkennen en aanpakken als we ons spirituele doel willen bereiken.

Ligt deze steen rechtop, lees dan de tekst onder het kopje Rechtop. Ligt hij ondersteboven, lees dan de tekst onder Ondersteboven.

7. HORUS IN DE VLUCHT

Deze laatste steen in het Oog van Horus is de steen van Horus in de vlucht. Dit is de steen van onze ultieme spirituele bestemming, gebaseerd op de invloeden en keuzes die eraan vooraf zijn gegaan. Hij is verbonden met de steen van Nu, onze oorsprong en ons essentiële ik, en geeft een beeld van waar we in dit leven naartoe groeien. Het zijn de uitbreiding en integratie van de met deze beide stenen verbonden eigenschappen die ons het duidelijkste beeld van ons ultieme doel geven. De goddelijke betekenissen in dit boek kunnen ons slechts een glimp van dat doel tonen. Het volledige beeld gaat woorden te boven; het moet geleerd en ontdekt worden.

Deze steen staat voor onze visie en ons hogere bewustzijn. Hij is symbolisch voor onze vlucht naar onze opperste mogelijkheden. Hij staat voor de grote rijpheid en eeuwige jeugdigheid die we kunnen bereiken wanneer we onze zaligheid nastreven en ons best doen een leven van creativiteit, integriteit, liefde en plezier te leiden.

Ligt deze steen rechtop, lees dan de tekst onder de kopjes Rechtop en Kenmerken van de gekozen steen. Ligt hij ondersteboven, lees dan de tekst onder Ondersteboven en Kenmerken van de desbetreffende steen.

Net als de steen van Nu is onze steen van Horus in de vlucht altijd belangrijk voor ons, of we hem apart of als deel van een andere combinatie pakken. Deze steen is van belang voor onze verdere overpeinzing en verduidelijking. Regelmatig gebruik van de Meditatie en Positieve gedachten bij de desbetreffende steen zal ons helpen de kracht van onze ware aard en ultieme richting te doen ontwaken.

Blijvend gebruik van deze combinatie

Onthoud dat de met deze Oog van Horus-combinatie verbonden concepten en kwesties de meest universele zijn van alle in dit boek besproken combinaties. Misschien moet u tijdens een lezing een deel van het taalgebruik of de ideeën onder de kopjes Rechtop en Ondersteboven aanpassen aan meer alledaagse gebeurtenissen die beter overeenkomen met het ruimere beeld van het leven en de spirituele ontwikkeling van degene die de vragen stelt. De geest van de stenen is belangrijker dan specifieke woorden of zinnen. Deze combinatie handelt veel meer dan de andere over het stimuleren van nieuwe vragen dan over het bieden van starre antwoorden op een specifieke vraag. Er telkens naar teruggrijpen kan leiden tot een groter begrip van de gekozen heilige archetypen en de betekenis ervan voor de vrager.

Het is nuttig van tijd tot tijd de stenen te leggen die u in hun 'oogpositie' hebt gekozen en de desbetreffende tekst nog eens door te lezen. Elke keer dat u deze persoonlijke blauwdruk doorneemt, zult u meer begrijpen van uw aangeboren macht, uw onderliggende keuzes en uw groter potentieel in dit leven.

Het kiezen van een van deze zeven stenen in een andere combinatie of afzonderlijk is bijzonder veelzeggend. Dat geldt vooral wanneer u de steen in dezelfde oriëntatie legt, rechtop of ondersteboven, als u hem in de combinatie had liggen.

Telkens wanneer deze stenen opduiken, herinneren ze u aan uw onderliggende spirituele keuzes en vragen ze u trouw te zijn aan uw hogere doel.

De steen in het Oog van Horus waarmee u zich het sterkst identificeert, kan een waardevol uitgangspunt zijn voor andere combinaties. Het is mogelijk dat u instinctief een van deze zeven stenen kiest wanneer u de Wijsheid van Maat of de Geheimen van de sfinx gebruikt of om uzelf te vertegenwoordigen in de Relatie-combinatie.

Leg gewoon de steen op zijn plaats en kies de andere stenen om de combinatie af te maken, zoals u gewoonlijk doet.

VOORBEELDLEZING

7. Horus in de vlucht
Nephthys rechtop

2. Atum
Meretseger ondersteboven

6. Seth en Nephthys verenigd
Khepri ondersteboven

1. Nu
Osiris rechtop

3. Shu en Tefnut verenigd
Horus rechtop

5. Osiris en Isis verenigd
Isis rechtop

4. Geb en Nut verenigd
Seth rechtop

Het onderwerp van de lezing heet Judith. Judith zoekt verduidelijking over haar algemene richting en wil herinnerd worden aan haar spirituele keuzes en gaven. Ze wil ook meer weten over de redenen van enkele gebeurtenissen uit het verleden en wil haar mogelijkheden voor de toekomst begrijpen. Judith is eenenveertig, pienter, opgewekt en vriendelijk, al draagt ze een oud verdriet met zich mee dat niet lijkt te passen bij haar huidige kijk op de wereld en de relaties die ze heeft gecreëerd. Haar wens is: *Ik wil meer weten over mijn spirituele doel en mijn weg naar geluk en vervulling.*

Judith kiest ongezien zeven stenen uit het zakje en legt ze voor zich neer. De lezer noteert de volgorde en legt de stenen in de vorm van het oog.

1. NU
Osiris rechtop

Deze steen geeft aan dat Judith een sterk besef heeft van voortdurend leven en kan erop wijzen dat de spirituele lessen die ze heeft verkozen in dit leven te leren een voortzetting van de lessen van een vorig leven zijn. Kortom, ze is wellicht bezig onafgehandelde zaken af te handelen.

De steen van Osiris in deze positie geeft aan dat Judith in principe een positieve vrouw is die de wereld met vertrouwen en positieve verwachting beziet. Het leven wordt beschouwd als een vruchtbare leerstoel en de wereld is rijk aan een overdaad van kansen. Judith is gezegend met onsterfelijke jeugdigheid en een besef van universele macht. Ze heeft een aangeboren geloof in het voortdurende proces van het leven en beseft dat zelfs tegenslagen of gebeurtenissen die desastreus lijken te zijn uiteindelijk haar spirituele en materiële succes zullen voeden. Wat haar ziel betreft, heeft Judith voldoende van haar aangeboren kracht ontwikkeld om te weten dat ze de meeste dingen wel aankan en dat ze in het avontuur van het leven kan stappen met een zekere mate van vertrouwen in haar eigen kunnen.

2. ATUM
Meretseger ondersteboven

Deze steen laat zien dat Judith een medelevend, genadig en over het algemeen zeer vergevingsgezind persoon is. Ze heeft een natuurlijke gave om zich te bevrijden van conflicten, vergissingen en oordelende relaties, omdat ze zelf bereid is te vergeven en verder te gaan. Haar benadering van het leven brengt helderheid en gemoedsrust en ze toont de wereld een gezicht dat open is en tolerant jegens anderen. De steen van Meretseger in deze positie duidt ook aan dat Judiths jeugd vervuld was van mededogen en vergevingsgezindheid. Ze kan die kwaliteiten van haar ouders hebben geleerd, of ze zelf hebben ontwikkeld om beproevingen of problemen in haar jeugd te kunnen doorstaan. Meretseger in deze positie, rechtop of ondersteboven, kan duiden op een jeugd in afzondering. Judith heeft inderdaad een vrij beschermde en geïsoleerde jeugd gehad.

3. SHU EN TEFNUT VERENIGD
Horus rechtop

Deze steen geeft aan dat Judith overal een sfeer van balans en communicatie schept. Ze heeft de neiging emotionele en fysieke omgevingen te kiezen die een grote uitwisseling van ideeën en informatie mogelijk maken, waar zij van geniet. Ze weet echter instinctief wanneer ze zich terug moet trekken op een rustige en besloten plek om zichzelf in balans te houden en naar haar innerlijke boodschappen te luisteren. Ze heeft wellicht affiniteit met wilde, ongetemde plaatsen en gelooft dat ze in dit leven een belangrijke rol te vervullen heeft.

De steen van Horus in deze positie geeft ook aan dat Judiths puberteit een periode van grote groei was, waarin haar visionaire vermogens en communicatieve vaardigheden zijn toegenomen in kracht en zuiverheid. De invloed van Horus doet ook vermoeden dat, hoewel Judith zich heeft moeten bewijzen in deze wereld en zich als een afzonderlijk persoon heeft moeten vestigen, ze daarin wel werd gesteund. Ze werd gekoesterd en beschermd terwijl ze haar bewustzijn uitbreidde en haar soevereine recht om baas te zijn over haar eigen lot, opeiste.

4. GEB EN NUT VERENIGD
Seth rechtop
De lucht (zie de tekst bij Rechtop) Deze steen

geeft aan dat Judith de mogelijkheid heeft een radicale nieuwe orde te creëren in haar geest en hogere bewustzijn. Dit leven zal gevuld zijn met drastische veranderingen, innerlijk en uiterlijk. Judith kan periodes van mentale of spirituele verontrusting doormaken waaruit ze sterker, wijzer, gezonder en meer in lijn met haar hogere ik tevoorschijn zal komen. Oude gedachtepatronen zullen opzij worden geschoven wanneer nieuwe ideeën Juditks relatie met haarzelf zullen veranderen.

Judiths vermogen tot evenwichtige communicatie, mededogen, vergevingsgezindheid en optimisme voorkomt dat de plaatsing van deze steen al te verstorend of chaotisch wordt.

De aarde (zie de tekst bij Ondersteboven) De steen van Seth in deze positie duidt er ook op dat Juditks grootste mogelijkheid tot het verwerven van spirituele kennis voortkomt uit haar optreden als veroorzaker van drastische veranderingen in de wereld. Ze kan banen of rollen kiezen die het haar mogelijk maken de oude orde omver te werpen en te vervangen door iets nieuws, dat effectiever kan groeien. Judith doet er goed aan niet vast te raken in een onbelangrijke machtsstrijd. Ze kan ook drastische fysieke of materiële veranderingen meemaken in haar leven.

Een van Judiths belangrijkste lessen in dit leven is dat ze het verlangen naar drastische veranderingen in balans moet zien te brengen met de noodzaak tot oplossingen te komen waarbij iedereen iets kan winnen. De vorige stenen in deze lezing wijzen erop dat ze veel vaardigheden heeft die haar kunnen helpen dat te bereiken.

Deze plaatsing is perfect voor een sociaal activist, een politicus of ieder ander die met revolutionaire veranderingen te maken heeft, of dat nu in kunst of wetenschap is.

5. OSIRIS EN ISIS VERENIGD
Isis rechtop

Deze steen heeft een zeer krachtige plaatsing, omdat hij de invloed van Isis in deze combinatie en dus in Judiths leven versterkt. Hoewel ze een uitstekende partner is voor de minnaar of echtgenoot van haar keuze, doet deze plaatsing vermoeden dat Judiths speciale gaven versterkt zouden worden als ze een moederlijke rol zou aannemen, of als ze autonoom of onafhankelijk van anderen zou handelen. Ze heeft de mogelijkheid zowel een sterke matriarch als een op zichzelf staande krachtige verschijning te zijn. Haar spirituele doel zal duidelijker worden naarmate ze rijper wordt.

Judith kan veel voor zichzelf bereiken door bij te dragen aan de zorg voor en bescherming van anderen. Net als Isis heeft ze veel gezichten en kan ze zich gemakkelijk aanpassen aan andere rollen of omstandigheden. Het tot uiting brengen van haar liefde en trouw brengt haar veel vreugde en maakt haar spirituele groei in dit leven mogelijk.

6. SETH EN NEPHTHYS VERENIGD
Khepri ondersteboven

Deze steen geeft aan dat Judith haar grootste beproevingen doormaakt wanneer ze de ontwikkeling van anderen moet motiveren en stimuleren. Dit is een aspect van haar werk en persoonlijke rol dat onderschat wordt en ze krijgt wellicht niet altijd zoveel erkenning als ze zou willen wanneer ze tot de successen van anderen heeft bijgedragen.

Hoewel dit in het algemeen een positieve plaatsing is, kan Khepri in deze positie op enige frustratie voor Judith duiden. Ze trekt misschien mensen aan die ze als ongemotiveerd beschouwd of die ze uit alle macht probeert te motiveren, maar met weinig succes. Dat is echter niet altijd zo. Ze zal veel leren over haar motiverende kracht, de aard van haar eigen motieven, drang en inspiratie en haar vermogen anderen te onderrichten of leiding te geven. Door anderen te motiveren zichzelf te helen of hun leven te verbeteren, zal Judith ook zichzelf helen en eventueel onderliggende weerstand tegen haar eigen ontwikkeling opzij kunnen schuiven.

7. HORUS IN DE VLUCHT
Nephthys rechtop

Deze steen geeft aan dat Judiths ultieme spirituele bestemming er een is van terugtrekking en overpeinzing. De groei die haar overkomt door de activiteit die door de andere stenen in deze combinatie wordt gesuggereerd, bereidt Judith voor op een grote bewustzijnsverandering. Die verandering komt voort uit het verwerken van haar ervaringen en het aanvaarden van al haar gevoelens. De steen van Nephthys in deze positie geeft aan dat Judiths ziel in een toestand van rust geraakt, waarin ze een nieuw niveau van zelfacceptatie kan bereiken. Door te rouwen om verliezen en gemiste kansen van het verleden, kan Judith zich daarvan bevrijden en zichzelf herscheppen in vreugde en heerlijke verbazing.

Judith creëert een soort spiritueel uithoudingsvermogen en een besef van haar eigen vrede en rust. Door overpeinzing kan ze een nieuw besef van harmonie en vertrouwen ontwikkelen, dat haar zal helpen om in al haar relaties, of die nu zakelijk of persoonlijk zijn, te functioneren zonder jaloezie of concurrentie.

Nephthys leidt Judith naar haar opperste mogelijkheden en helpt haar de grootst mogelijke bevrediging vinden door haar te onderrichten in ontvankelijkheid, rust en nederigheid. Deze plaatsing sterkt Judiths vermogen medelevend en vergevingsgezind te zijn en stimuleert haar paranormale, intuïtieve of helende vermogens.

Samenvatting

Judiths Oog van Horus geeft aan dat ze dit leven heeft gekozen als een kans om veel veranderingen in de wereld om haar heen teweeg te brengen en tegelijk een plek van vrede en rust in zichzelf te vinden. De gekozen stenen doen vermoeden dat ze een sterk ontwikkelde ziel is, met een heldere en evenwichtige persoonlijkheid, die ervoor heeft gekozen onafgehandelde zaken af te handelen en verder te gaan naar een hoger niveau van onderricht.

Deze combinatie duidt op een leven van grote dienstbaarheid aan anderen en een reis van krachtige zelfverwezenlijking. Judith kan gemakkelijk een kampioen van goede zaken worden en zou een prominente publieke positie kunnen innemen. Haar ultieme vrede, vervulling en bevrediging zullen echter eerder voortkomen uit periodes van retraite. Ze doet er goed aan activiteit en dienstbaarheid in balans te brengen met rust en overpeinzing.

Om verder te lezen

Egyptische mythologie, gebruiken en hiërogliefen

Het Egyptische dodenboek. Vertaald door M.A. Geru. Ankh-Hermes, Deventer, 1992.

The Ancient Egyptian Book of the Dead, R.O. Faulkner, British Museum Press, London, 1985.

A Dictionary of Egyptian Gods and Goddesses, George Hart, Routledge Kegan Paul Inc., London, 1986.

Discovering Egyptian Hieroglyphs, Karl-Theodor Zauzich, The University of Texas Press, 1992.

The Egyptian Book of Dead, E.A. Wallis Budge, Dover Publications, New York, 1967.

Egyptian Hieroglyphs: How to Read and Write Them, Stephane Rossini, Dover Publications, New York, 1989.

Egyptian Myths (The Legendary Past), George Hart, British Museum Publications, London, 1990.

An Illustrated Dictionary of The Gods and Symbols of Ancient Egypt, Manfred Lurker, Thames and Hudson, London, 1980.

Practical Egyptian Magic, Murry Hope, Aquarian Press, Northamptonshire, England, 1984.

Visualisatie en de positieve-gedachtetechniek

I See Myself in Perfect Health: Your Essential Guide to Selfhealing, David Lawson, Thorsons, London, 1995.

Principles of Self-healing, David Lawson, 1996.

Je kunt je leven helen, Louise Hay, De Zaak, Groningen, 1986.

Astrologie en voorspelling

Medicijnkaarten: Dieren als symbolen van helende kracht, Jamie Sams en David Carson, H.J.W. Becht, Bloemendaal, 1997.

Motherpeace: A Way to the Goddess through Myth, Art and Tarot, Vicki Noble, Harper Collins, New York, 1983.

Sacres Path Cards: The Discovery of Self Through Native Teachings, Jamie Sams, Harper Collins, New York, 1990.

Star Healing: Your Sun Sign, Your Health and Your Success, David Lawson, Hodder and Stoughton, London, 1994.

Tarot for Beginners, Kristyna Arcati, Hodder and Stoughton, London, 1993.

The Tarot Reader, Nancy Shavinck, Berkley, New York, 1991.

Bronvermelding

Blz. 9, kaartje: *Egyptian Gods and Myths,* Angela P. Thomas, Shire Publications, 1986; *The Penguin Guide to Ancient Egypt,* W. J. Murnane, Penguin Books, 1983.

Blz. 11, 20 en 122, citaten: *The Ancient Egyptian Book of the Dead,* naar de vertaling van R. O. Faulkner, British Museum Press, Londen, 1985; *The Egyptian Book of the Dead,* naar de vertaling van E. A. Wallis Budge, Dover Publications Inc., 1967.

Over de auteur

David Lawson is een internationaal heler en geeft cursussen in persoonlijke ontwikkeling. Hij heeft vooral in het Verenigd Koninkrijk, Ierland, Spanje en de VS gewerkt. Hij heeft toestemming om wereldwijd Louise L. Hay's cursusprogramma 'Je kunt je leven helen' uit te voeren. Hij is ook therapeut, verzorgt helingen, advies, meditatietechnieken en regressietherapie. David heeft acht boeken geschreven, waaronder: *Star Healing – Your Sun Sign, Your Health and Your Success; Money and Your Life – A Prosperity Playbook* (samen met Justin Carson); *I see Myself in Perfect Health – Your Essential Guide tot Self-healing; The Principles of Self-healing; The Principles of Your Psychic Potential* en *So You Want to be a Shaman*. Tot zijn audiotapes behoren de begeleide visualisaties *I See Myself in Perfect Health*, deel I en II en de *Money and Your Life Prosperity Course*, allemaal uitgegeven door Healing Workshops Press. Voor gegevens over cursussen op basis van *Het Egyptisch orakel* en Davids andere materiaal voor zelfheling en persoonlijke ontwikkeling kunt u schrijven naar Healing Workshops, PO Box 1678, London, NW5 4EW, UK.

Dankbetuiging

Ik zou graag de volgende mensen willen bedanken voor hun hulp bij het schrijven en publiceren van dit boek:
Susan Mears (mijn agente), Ian Jackson (mijn redacteur), Sophie Bevan, Elaine Partington, Rachel Kirkland, Pritty Ramjee, Aziz Khan, Sarah Howerd, Lilian en Eric Lawson, Anne en Alex Carson, Doriane Beyer, Louise L. Hay en al mijn vrienden, familie, cliënten en gidsen. Speciale dank aan mijn partner Justin Carson, wiens praktische steun, ideeën, goede humeur en zorg het mij mogelijk maken te schrijven.

'David Lawson neemt u mee op een helende reis waarvan iedereen profijt kan hebben.'
Louise L. Hay, auteur van *Je kunt je leven helen*.

SLEUTEL TOT DE STENEN

GEB	NUT	OSIRIS	ISIS	SETH
blz. 22	blz. 26	blz. 30	blz. 34	blz. 38

NEPHTHYS	HORUS	BASTET	ANUBIS	HATHOR
blz. 42	blz. 46	blz. 50	blz. 54	blz. 58

AMUN	RE	KHONSU	KHNUM	HAPY
blz. 62	blz. 66	blz. 70	blz. 74	blz. 78

MAAT	KHEPRI	ANAT	MIN	HEKET
blz. 82	blz. 86	blz. 90	blz. 94	blz. 98

APIS	MERETSEGER	IMHOTEP	DE PIRAMIDES	DE SFINX
blz. 102	blz. 106	blz. 110	blz. 114	blz. 118